国际石油公司战略转型与行动

STRATEGIC TRANSFORMATION AND ACTIONS OF OIL & GAS COMPANIES IN THE WORLD

徐玉高　陈卓彪　于建军◎编著

追踪53家国际石油公司**战略实践**

深度剖析石油产业**发展动向**

石油工业出版社

图书在版编目（CIP）数据

国际石油公司战略转型与行动 / 徐玉高，陈卓彪，于建军编著.
北京：石油工业出版社，2019. 1
ISBN 978-7-5183-3130-7

Ⅰ.①国… Ⅱ.①徐…②陈…③于… Ⅲ.①石油工业-工业企业管理-研究-世界
Ⅳ.①F416.22

中国版本图书馆CIP数据核字（2019）第024086号

国际石油公司战略转型与行动
徐玉高　陈卓彪　于建军　**编著**

出版发行：石油工业出版社
（北京市朝阳区安华里二区1号楼 100011）
网　　址：http://www.petropub.com
编 辑 部：（010）64523602　图书营销中心：（010）64523633
经　　销：全国新华书店
印　　刷：中石油彩色印刷有限责任公司

2019年1月第1版　2019年1月第1次印刷
740×1060毫米　开本：1/16　印张：10.25
字数：130千字

定　价：68.00元
（如发现印装质量问题，我社图书营销中心负责调换）

意大利历史学家克罗齐（Benedetto Croce）说："当生活的发展逐渐需要时，死历史就会复活，过去史就变成现在史。罗马人和希腊人躺在墓穴之中，直到文艺复兴欧洲精神重新成熟时，才把他们唤醒……"管理是一门高度实践化的学科，不可能像自然科学一样通过设置不同条件的实验去重复，而只能从历史当中寻求前进道路的一丝光亮。150多年的石油工业和石油工业舞台上国际石油公司与国家石油公司诞生、繁荣、衰落、重组的历史，为我们观察企业家们的战略实践，分析、学习和借鉴优秀的管理经验提供了极佳的观察样本。而数字技术的浪潮和人工智能技术的出现大大简化了我们搜集数据、整理数据乃至分析数据的便利。即使如此，以定量化工具分析企业战略行为的变化和评价战略的有效性仍然是一件单调枯燥的差事。

2018年初，中国海油政策研究室和知本咨询团队组成的联合项目组共同承担了"国际石油公司战略发展报告"的研究任务，项目组成员包括中国海油的徐玉高、陈卓彪、于建军、彭薇、张正刚、林益楷、张雷和知本咨询的陈爽、关哲、姜晨光。项目期间大家有分歧、有争论、有解决问题之后的痛快淋漓，有久拖不决的彻夜难眠。报告成稿作为教材在中国海油干部学院的相关培训班上使用过，并根据学员反馈意见进行了修改，现作为干部学院的教材出版并可供能源行业和石油公司战略研究人员参考使用。目前正值世界上最大的石油生产国美国和最大的石油消费国、进口国中国的贸易摩擦风起云涌之时，对于中国石油公司而言，为中国梦提供优质清洁高效的能源是使命所在、责任所在，作为石油人如果能够为这一份伟大的事业略尽绵薄之力，亦是一份欣慰和人生快事。时间所限，虽尽力而为，疏漏之处在所难免，请大家批评指正。

CONTENTS 目录

PART 1

第一章

研究方法和样本选择

第一节 研究背景

2013—2017年，油气行业经历了油价断崖式下跌与深度调整的过程，与20世纪80年代中后期和90年代末的两次行业危机相似，全球石油公司行动迅速，通过削减资本开支、聚焦核心资产、提高管理效率、降低作业成本等传统手段度过了行业的至暗时刻。与前两次危机显著不同的是，美国页岩油气革命带来的独立生产商减弱了欧佩克（OPEC）这一政治联盟干预市场的力量，但是以俄罗斯为首的非欧佩克石油出口国与欧佩克形成的维也纳联盟重新凸显了石油市场的政治属性，而数字技术的浪潮和环保力量的提升，更是使石油公司面临与历史截然不同的商业环境。在此背景下，全球石油公司不同程度地进行了战略调整，以应对环境变化和寻找新的价值空间。

本书选择行业内优秀公司作为研究样本（以下称“样本公司”），通过对样本公司战略调整、战略行为和战略绩效三个维度的分析，试图剖析石油产业过去几年的行业特点和发展动向，观察样本公司的战略实践，为我国石油公司的发展与转型提供参考借鉴。

第二节　分析框架

研究从“外部环境”“战略调整”“战略执行”“战略绩效”四个方面展开（图1–1）。

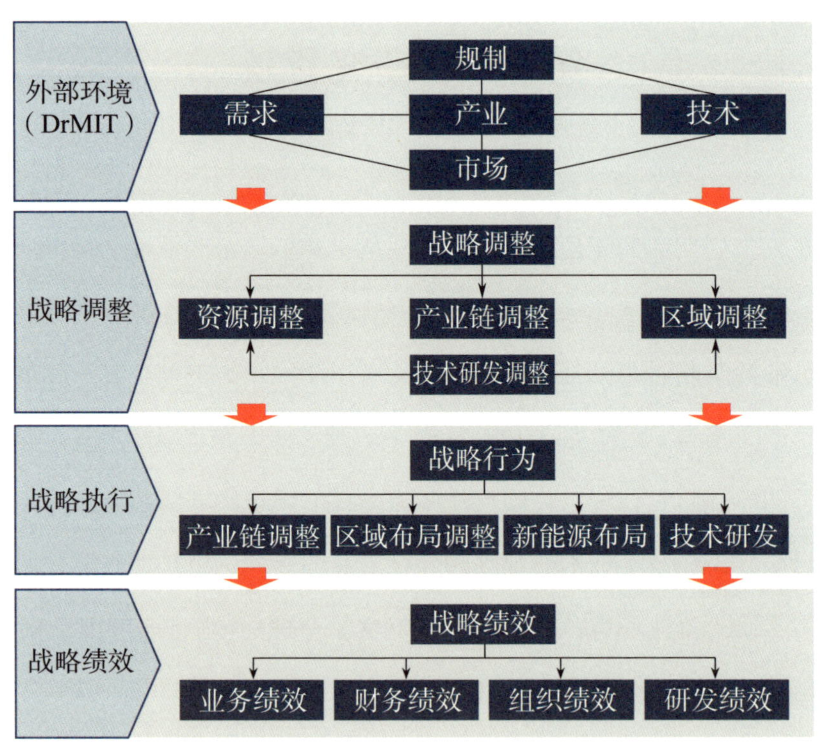

图1–1　国际石油公司战略转型与行动（2013—2017）分析框架

外部环境，通过对油气产业结构变化、全球主要国家能源政策变化、油气市场主导力量与价格变化、消费需求特点和消费者偏好变化趋势、能源技术与成本更迭情况等五个方面，实现对外部环境变化及趋势分析。

战略调整，对样本公司近五年（2013—2017年）的战略转型与动态调整情况进行分析，战略调整进一步从资源结构调整、产业链结构调整、区域布局调整、技术研发调整四个方面展开。

战略执行，对样本公司近五年（2013—2017年）的战略执行行为进行细化分析，研究公司战略执行路径。其中战略行为进一步从产业链结构调整行为、区域布局调整行为、新能源布局行为、技术研发行为四个方面展开。

战略绩效，对样本公司近五年（2013—2017年）的战略绩效水平进行归类对比分析，具体从业务绩效、财务绩效、组织绩效和研发绩效四个部分展开。

第三节 样本选择

研究基于美国《石油情报周刊》世界50家最大石油公司综合排名、普氏（Platts）全球能源公司250强排名及《财富》全球500强排名等国际权威机构发布的榜单，选择了全球不同公司属性和不同国别地区的53家大型知名油气、能源相关公司作为样本。根据行业惯例与公司特点，进一步将53家公司分为五类：（1）全球一体化公司（IOC），即五大石油公司；（2）国家石油公司（NOC）13家，仅包括资源国的国家石油公司；（3）区域公司16家，主要包括非资源国石油公司及部分下游炼化、化工公司；（4）独立勘探开发公司（E&P）16家；（5）中国公司3家，包括中国石油、中国石化和中国海油。

研究期内，53家样本公司合计油气总储量占全球油气总储量比例超过59%，合计油气总产量占全球油气总产量比例超过63%，合计总炼化能力占全球总炼化能力比例超过53%，涵盖油气产业链上、中、下游。样本公司的战略调整及行为变化，能够体现和代表油气行业发展特点和发展趋势，满足研究目的。

具体样本公司名录与分类见表1–1。

表1–1 样本公司名录

序号	公司名称（中文）	公司名称（英文）	文中简称（中文）	属国	地理位置	美国《石油情报周刊》排名	普氏排名	全球500强排名	所属类别	是否上市
1	埃克森美孚	Exxon Mobil Corporation	埃克森美孚	美国	北美	5	9	10	全球一体化	上市公司
2	荷兰皇家壳牌	Royal Dutch Shell	壳牌	荷兰	欧洲	6	23	7	全球一体化	上市公司
3	英国石油	BP	英国石油	英国	欧洲	8	99	12	全球一体化	上市公司
4	雪佛龙	Chevron	雪佛龙	美国	北美	11	121	45	全球一体化	上市公司
5	道达尔	Total	道达尔	法国	欧洲	10	10	30	全球一体化	上市公司
6	沙特阿美石油公司	Saudi Aramco	沙特阿美	沙特阿拉伯	中东	1	—	—	国家石油公司	非上市公司
7	伊朗国家石油公司	National Iranian Oil Co.	伊朗国油	伊朗	中东	2	—	—	国家石油公司	非上市公司
8	委内瑞拉国家石油公司	Petroleum of Venezuela	委内瑞拉国油	委内瑞拉	南美	4	—	—	国家石油公司	上市公司
9	俄罗斯石油公司	Rosneft	俄油	俄罗斯	欧洲	7	22	158	国家石油公司	上市公司
10	俄罗斯天然气公司	Gazprom	俄气	俄罗斯	欧洲	9	1	63	国家石油公司	上市公司

续表

序号	公司名称（中文）	公司名称（英文）	文中简称（中文）	属国	地理位置	美国《石油情报周刊》排名	普氏排名	全球500强排名	所属类别	是否上市
11	科威特国家石油公司	Kuwait Petroleum Corporation	科威特国油	科威特	中东	12	—	—	国家石油公司	非上市公司
12	卡塔尔国家石油公司	Qatar Petroleum	卡塔尔国油	卡塔尔	中东	15	—	—	国家石油公司	非上市公司
13	巴西国家石油公司	Petrobras	巴西国油	巴西	南美	16	141	75	国家石油公司	上市公司
14	墨西哥国家石油公司	Pemex	墨西哥国油	墨西哥	北美	18	—	152	国家石油公司	上市公司
15	尼日利亚国家石油公司	Nigeria National Petroleum Corporation	尼日利亚国油	尼日利亚	北非	22	—	—	国家石油公司	非上市公司
16	印度尼西亚国家石油公司	Pertamina	印尼国油	印度尼西亚	亚太	26	—	289	国家石油公司	上市公司
17	哥伦比亚国家石油公司	Ecopetrol	哥伦比亚国油	哥伦比亚	南美	37	87	—	国家石油公司	上市公司
18	阿根廷国家石油公司	YPF	阿根廷国油	阿根廷	南美	41	228	—	国家石油公司	上市公司
19	俄罗斯卢克公司	Lukoil	卢克	俄罗斯	欧洲	17	6	102	区域公司-油气	上市公司
20	马来西亚国家石油公司	PETRONAS	马来西亚国油	马来西亚	亚太	19	—	184	区域公司-油气	上市公司
21	意大利埃尼石油	Eni SpA	埃尼	意大利	欧洲	23	138	132	区域公司-油气	上市公司
22	印度石油天然气公司	ONGC	印度石油天然气公司	印度	亚太	24	—	—	区域公司-油气	上市公司
23	挪威国家石油公司	Equinor，原Statoil	挪威国油	挪威	欧洲	28	155	207	区域公司-油气	上市公司
24	西班牙雷普索尔	Repsol	雷普索尔	西班牙	欧洲	29	35	306	区域公司-油气	上市公司

续表

序号	公司名称（中文）	公司名称（英文）	文中简称（中文）	属国	地理位置	美国《石油情报周刊》排名	普氏排名	全球500强排名	所属类别	是否上市
25	日本国际石油	INPEX CORPORATION	日本国际石油	日本	亚太	42	113	—	区域公司-油气	上市公司
26	必和必拓	BHP Billiton	必和必拓	澳大利亚	亚太	46	—	350	区域公司-油气	上市公司
27	森科能源	Suncor Energy	森科能源	加拿大	北美	47	101	—	区域公司-油气	上市公司
28	泰国国家石油公司	PTT	泰国国油	泰国	亚太	—	12	192	区域公司-油气	上市公司
29	桑普拉	Sempra energy	桑普拉	美国	北美	—	—	—	区域公司-油气	上市公司
30	切尼尔	Cheniere Energy	切尼尔	美国	北美	—	—	—	区域公司-油气	上市公司
31	瓦莱罗	Valero Energy	瓦莱罗	美国	北美	—	8	106	区域公司-炼化	上市公司
32	菲利普斯66	Phillips 66	菲利普斯66	美国	北美	—	20	96	区域公司-炼化	上市公司
33	巴斯夫	BASF	巴斯夫	德国	欧洲	—	—	126	区域公司-化工	上市公司
34	沙特基础工业	SABIC	沙特基础工业	沙特阿拉伯	中东	—	—	299	区域公司-化工	上市公司
35	康菲石油	ConocoPhillips	康菲	美国	北美	30	174	444	E&P公司	上市公司
36	俄罗斯诺瓦泰克	PAO NOVATEK	诺瓦泰克	俄罗斯	欧洲	33	44	—	E&P公司	上市公司
37	加拿大自然资源	Canadian Natural Resources	加拿大自然资源	加拿大	北美	36	188	—	E&P公司	上市公司
38	阿纳达科石油	Anadarko Petroleum	阿纳达科	美国	北美	39	227	—	E&P公司	上市公司
39	戴文能源	Devon Energy Corporation	戴文能源	美国	北美	40	241	—	E&P公司	上市公司

续表

序号	公司名称（中文）	公司名称（英文）	文中简称（中文）	属国	地理位置	美国《石油情报周刊》排名	普氏排名	全球500强排名	所属类别	是否上市
40	切萨皮克能源	Chesapeake Energy Corp.	切萨皮克	美国	北美	43	—	—	E&P公司	上市公司
41	西方石油	Occidental Petroleum Corporation	西方石油	美国	北美	44	203	—	E&P公司	上市公司
42	EOG能源	EOG Resources, Inc.	EOG能源	美国	北美	45	235	—	E&P公司	上市公司
43	诺贝尔能源	Noble Energy	诺贝尔	美国	北美	50	—	—	E&P公司	上市公司
44	马拉松石油公司	Marathon oil Corporation	马拉松	美国	北美	—	34	160	E&P公司	上市公司
45	赫斯基能源公司	Husky Energy	赫斯基	加拿大	北美	—	83	—	E&P公司	上市公司
46	伍德赛德	Woodside Petroleum Ltd.	伍德赛德	澳大利亚	亚太	—	98	—	E&P公司	上市公司
47	赫斯	Hess Corporation	赫斯	美国	北美	—	—	—	E&P公司	上市公司
48	墨菲石油	Murphy Oil Corporation	墨菲	美国	北美	—	—	—	E&P公司	上市公司
49	阿帕奇公司	Apache Corporation	阿帕奇	美国	北美	—	—	—	E&P公司	上市公司
50	美国先锋自然资源	Pioneer Natural Resources	美国先锋	美国	北美	—	—	—	E&P公司	上市公司
51	中国石油	China National Petroleum Corporation	中国石油	中国	亚太	3	57	4	中国公司	有上市公司
52	中国石化	Sinopec Group	中国石化	中国	亚太	20	5	3	中国公司	有上市公司
53	中国海油	China National Offshore Oil Corporation	中国海油	中国	亚太	31	116	115	中国公司	有上市公司

PART 2

第二章

外部环境分析

现代石油工业自1859年诞生以来，石油价格的起起伏伏成为这一重要产业的生动刻画。150年以来，我们目睹了国际石油公司的崛起、荣耀、分解与沉沦，以及国家石油公司的出现和以中东国家为主体的欧佩克作为政治力量对石油市场的深刻塑造。如果我们把过去150多年的石油价格用2017年美元不变价格来表示[①]，可以明显看到百年石油风云构成了一个典型的驼峰曲线（Camel Curve）（图2–1）。

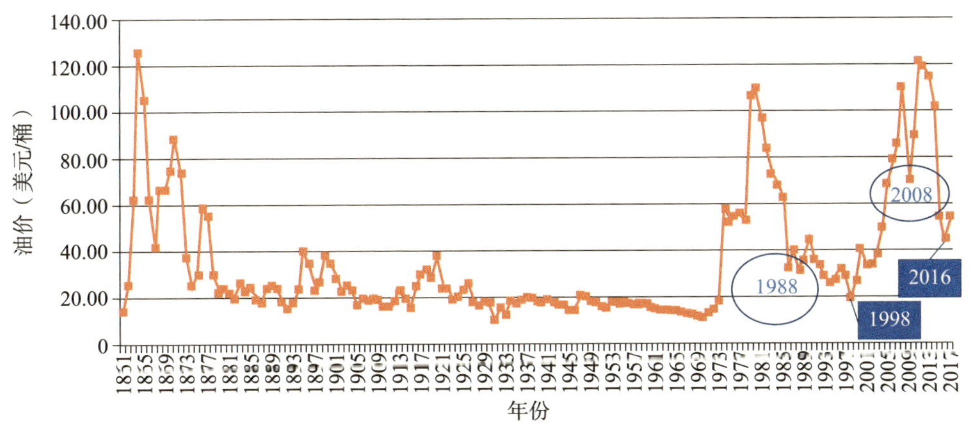

图2–1　百年油价的驼峰曲线

资料来源：根据2018版《BP世界能源统计年鉴》构建

① 数据来源为《BP Statistical Review of World Energy June 2018》.

第一个驼峰形成于1864年美国南北战争时期，石油刚刚成为照明工业的重要能源，彼时的石油工业生产仅限于美国，所以不是我们的分析重点。当我们把目光转向1970年以后的现代石油工业，中东地区和俄罗斯地区石油工业的大发现和国家石油公司的兴起，共同构成了世界石油工业的大家庭，第二个、第三个驼峰构成了石油工业两个周期。第二个驼峰是从1973年到1998年，第三个驼峰是从1998年到2016年。从目前石油价格的走势来看，石油工业已经走出第二个石油周期，缓慢走向第三个周期，同时也将是石油工业最后的繁荣。根据国际石油公司如英国石油、壳牌、埃克森美孚和道达尔以及政府间国际机构如IEA（国际能源署）、第三方独立咨询机构如IHS（埃士信）、Wood Mackenzie（伍德麦肯兹）和DNV（挪威船级社）等的预测，世界石油需求将在2030年到2040年之间达到顶点，而价格是市场的先导指标，油价将会在需求顶点到来之前就会持续性下跌。当然真正的顶点是市场参与者无法提前预测的。按照之前两个周期在25年和18年来看，第三个周期的起点如果按照2016年来计算，石油价格将会在2036年左右达到另一个谷底。而这一最后周期的真正持续时间将取决于世界经济尤其是新兴市场国家经济增长的繁荣或衰退，及替代能源技术的商业竞争力。石油工业作为全球最重要的大宗商品市场，其价值比全球所有金属市场的总价值还要大，所以其成为世界商品之时，就带有浓厚的政治色彩。自1960年欧佩克成立伊始，政治力量就成为塑造全球石油市场的重要力量，尤其在石油期货诞生之前。但是个体利益驱动导致的“囚徒困境”使得欧佩克在第一个周期之后对世界石油市场的影响力逐渐减弱，而2016年以沙特阿拉伯为首的欧佩克国家和以俄罗斯为首的非欧佩克石油出口国形成的维也纳联盟使我们重新看到了政治影响的身影。经济的繁荣是石油工业发展的最大驱动力。始于1970年的油价攀升，不仅仅是欧佩克国家把石油作为政治武器，另一个重要的原因是第二次世界大战之后西方国家经济的持续增长和中产阶级的崛起，郊区化运动带来对汽车工业的巨大需求。而第三个驼峰的形成则是由以金砖国家的工业化运动带来的世界新一轮经济繁荣所驱动的。这一周期由于1983年出现的WTI原油期货和1986年的布伦特原油期货形成的金融市场大大加剧了油价的波动，同时也催生了美国页岩气革命。持续的高油价不仅仅带来了政府对石油安全的极大忧虑，也推动了对可再生能源技术的极大热情。构建2020年以后全球应对气候变化行动的《巴黎协定》的签署与生效更是为国际社会、产业界、科学界投入清洁低碳能源技术注入强大的动力。国际石油公司正是在政治力量、经济力量、金融力量、技术力量、环保力量共同塑造的波澜壮阔的世界石油工业舞台上竞争、合作、重组与整合。

综上，根据产业经济学理论与油气行业特点，形成针对油气行业外部环境分析的DrMIT分析模型，具体包括五个方面内容：产业（Industry）、规制（Regulation）、市场（Market）、消费需求（Demand）和技术（Technology）。

第一节 产业

油气产业是资本密集型和技术密集型产业，市场准入门槛较高，限制了小型企业的进入，资源和技术高度集中在大型石油公司手中。随着技术进步和行业竞争的加剧，大型石油公司通过兼并重组推动油气产业结构持续调整。经过20世纪90年代末超大型兼并重组浪潮后，大型石油公司阵营相对比较稳定，在本轮油价“断崖式”下跌并缓慢回升的过程中，油气产业结构并未出现较大调整。

1998年至2002年间，油价快速下跌并缓慢回升，随着技术进步和行业内竞争的不断加剧，油气产业结构在石油公司掀起的兼并重组浪潮下持续调整，产业集中度不断提高。1998年至2002年间，全球油气产业结构经历了以超级石油巨头整体合并为主要特点的兼并重组浪潮，埃克森（Exxon）与美孚（Mobil），雪佛龙与德士古（Texaco），大陆石油公司（Conoco）与菲利普斯石油（Phillips）合并，英国石油收购了美国石油公司阿莫科（Amoco）和阿科（Arco），道达尔收购了比利时芬纳（Petrofina）和本国的埃尔夫—阿奎坦公司（Elf Aquitaine），油气资源集中度不断提高，炼化产业形成规模化、一体化趋势。

在本轮油价“断崖式”下跌并缓慢回升的过程中，石油公司采取了相对谨慎的兼并重组战略，除壳牌收购英国天然气集团（BG）、俄油收购秋明英国石油（TNK—BP）外，并未出现较大规模的兼并重组浪潮。对比2013年和2017年样本公司在全球油气总储量（图2-2）、总产量（图2-3）及炼化能力（图2-4）的比例可以看出，全球油气资源仍高度集中在资源国国家石油公司，五大石油公司对全球油气资源的占比略有下降；在全球油气产量占比方面，资源国国家石油公司依然占据市场主要份额，总体上几类石油公司的产量份额变化不大；下游炼化能力总体保持稳定。从上述几个指标可以看出，从2013年到2017年油气产业集中度相对稳定，油气产业结构并未出现较大调整。

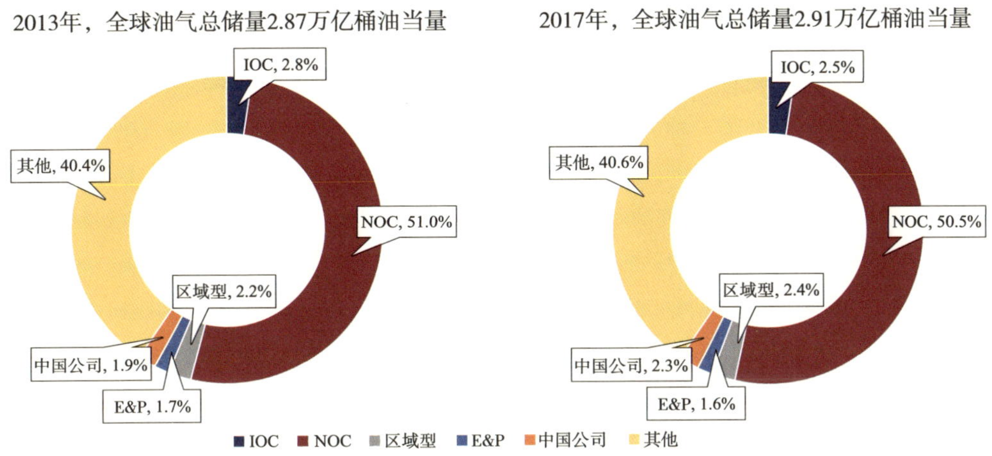

图2-2 样本公司2013年与2017年油气储量占全球储量比例情况

数据来源：美国《石油情报周刊》、BP能源统计年鉴、公司年报整理

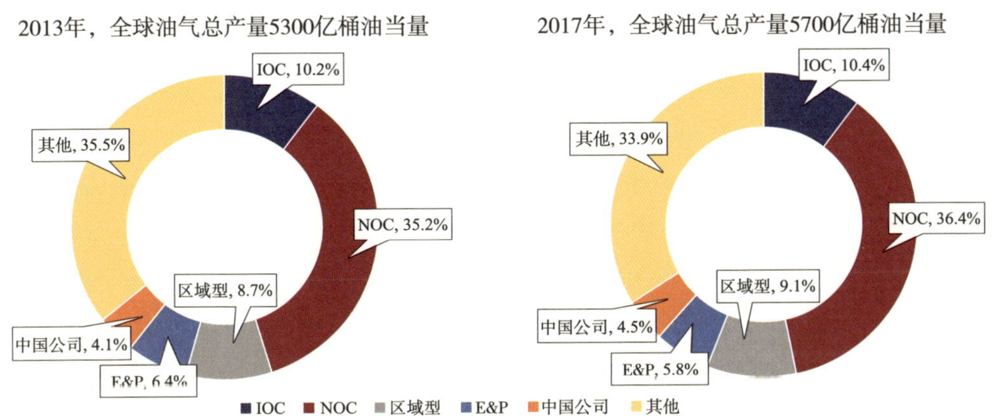

图2-3 样本公司2013年与2017年油气产量占全球产量比例情况

数据来源：美国《石油情报周刊》、BP能源统计年鉴、公司年报整理

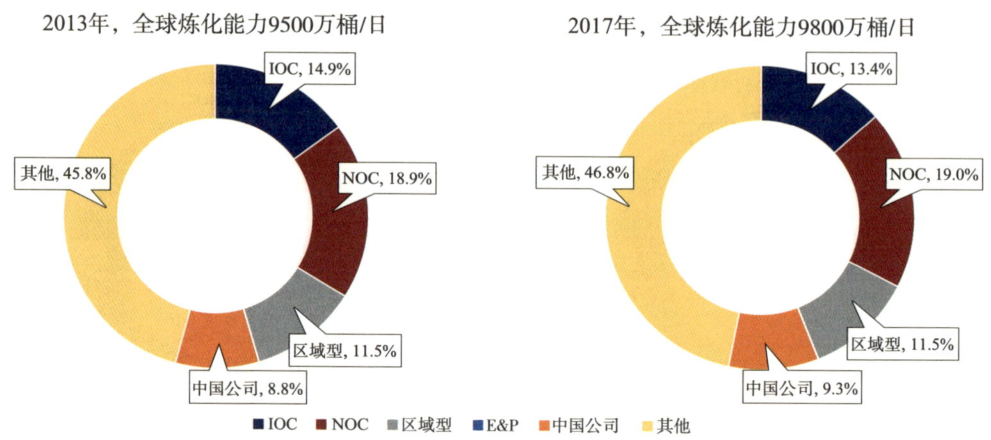

图2-4　样本公司（除E&P）2013年与2017年炼化能力占全球炼化能力比例情况

数据来源：美国《石油情报周刊》、BP能源统计年鉴、公司年报整理

第二节　规制

世界主要国家和地区碳约束与清洁能源政策不断加强，促进世界能源结构清洁化转型。

世界碳排放约束强度不断提高，特别是2016年11月4日《巴黎协定》的生效，进一步推动世界各国制定明确的碳减排目标和规划。截至2017年底，已有165个国家和地区提交了碳减排的国家自主贡献方案（INDC）[①]，涵盖了世界主要国家和地区（图2-5）。

促进清洁能源在能源消费结构中比例的提升，已成为世界各国共识。世界

① INDCs (Intended Nationally Determined Contributions) as communicated by Parties, http://www4.unfccc.int/submissions/indc/Submission%20Pages/submissions.aspx, 2018-08-06.

主要国家都已制定了相应的清洁能源发展政策和规划，推动清洁能源逐步取代高碳排放的化石能源（图2-6）。

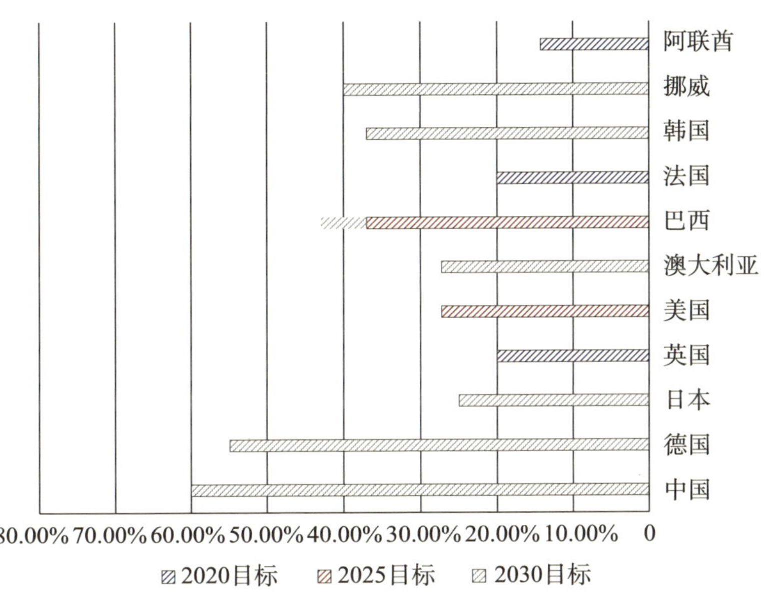

图2-5 主要国家《巴黎协定》承诺减排目标

资料来源：《巴黎协定》、相关国家政策整理

为了实现减少碳、硫等污染物排放与能源清洁化发展目标，各国政府进一步提高燃料清洁化标准，如美国2015年开始实施LEV（低污染排放车辆）Ⅲ级排放标准，欧洲2014年开始实施欧VI标准，印度宣布2020年起将实施欧VI标准，中东地区也已逐步实施欧V标准。国际海事组织（IMO）于2016年宣布2020新政，决定2020年1月1日起实施对全球范围内船舶燃油含硫量从3.5%下降至0.5%的强制规定，将对全球航运业每年3.2亿吨燃料油市场产生显著影响。

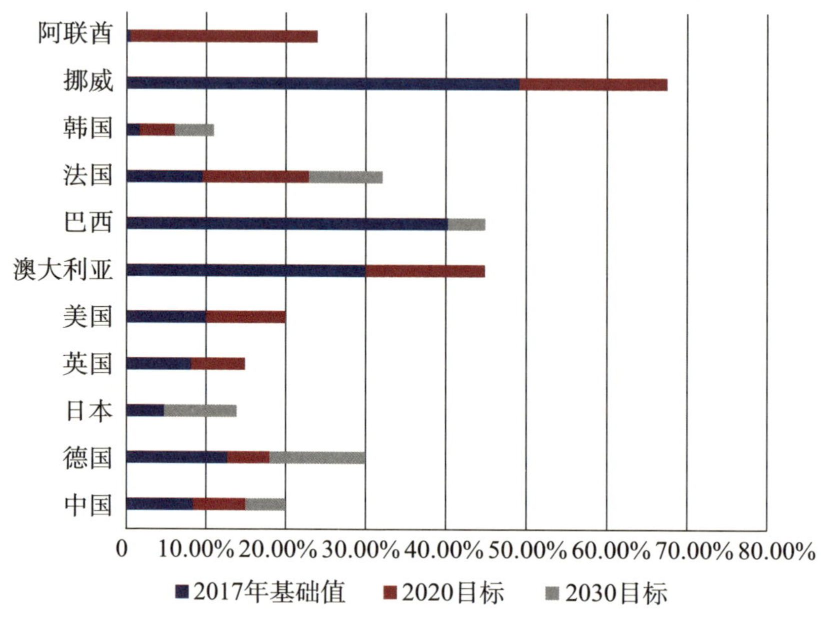

图2-6 主要国家清洁能源发展目标

资料来源：《巴黎协定》、相关国家政策整理

第三节 市场

油气市场供求关系的变化，对油气价格造成直接影响的同时，也在一定程度上改变着市场主体结构与市场主体行为。

在油价大幅波动的过程中，新的市场主体结构正在形成。页岩革命使美国这个曾经最大的原油进口国开始向出口国转变，加速油气地缘新格局的形成。欧佩克在油价处于低谷阶段坚持不减产政策，对北美非常规油气生产商形成沉重打击。但是低油价下美国页岩油生产商依靠金融市场规避了油价下降的负面影响，表现出极强的抗风险能力。国家财政很大程度上依靠石油出口收入的欧佩克国家饱受低油价之苦，不减产的囚徒困境终于带来集体合作的理性。以沙特阿拉伯为首的欧佩克14国于2016年9月达成减产协议，减产120万桶/日，并与以俄罗斯为首的11个非欧佩克成员产油国，达成减产协议，非欧佩克国家减产60万桶/日，形成石油生产协商组织“维也纳联盟”，减产协议履约率超过100%，并于2017年两次延期，促使世界石油市场再平衡于2017年底和2018年上半年实现。维也纳联盟已逐步成为石油市场主导力量之一（图2–7）。

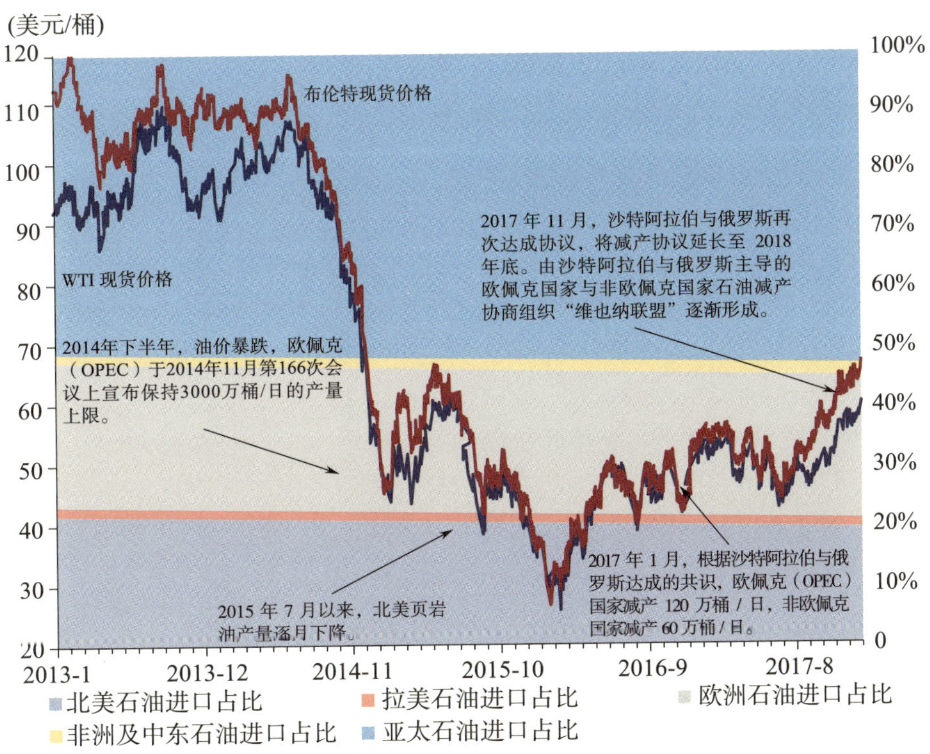

图2–7　石油价格与石油进口

资料来源：国际能源署、BP世界能源统计年鉴

受到油价波动影响，天然气价格在报告期内也出现大幅波动，2012—2014年一大批液化天然气（LNG）出口项目通过了最终投资决定，而2014年澳大利亚LNG生产能力的大幅提升与2016年美国天然气出口解禁等因素，则进一步增加了世界市场中的天然气供给，使天然气市场逐渐从卖方市场向买方市场转变，长协交易逐渐减少，短期、现货交易数量增加。卖方议价能力不断降低，传统的“照付不议”交易模式受到冲击（图2-8）。

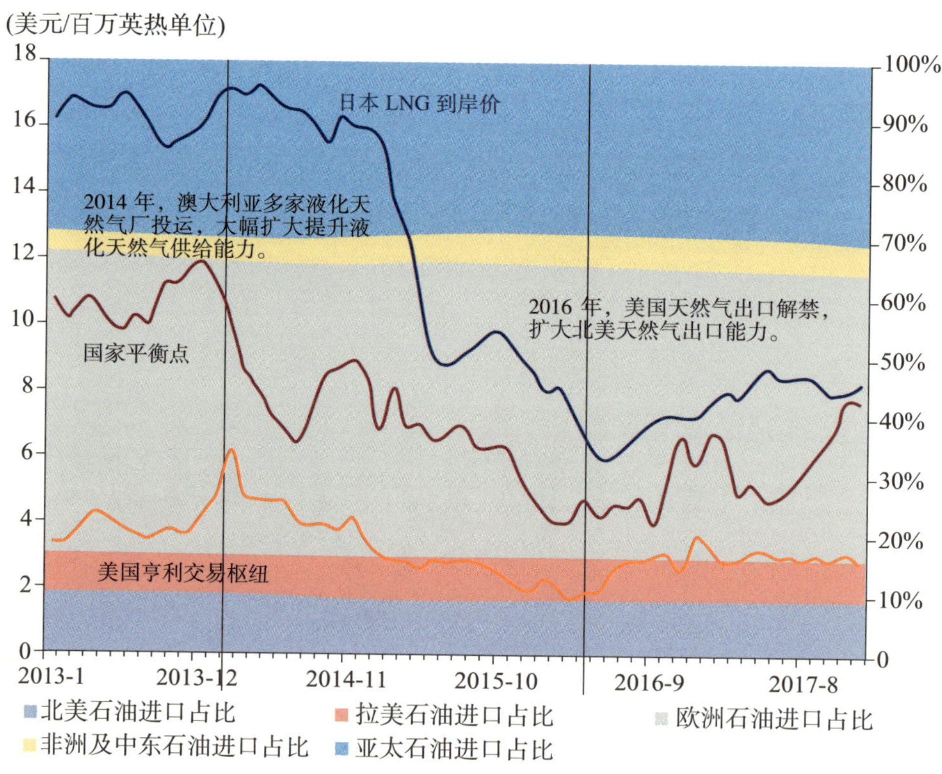

图2-8　天然气价格与天然气进口

资料来源：国际能源署、BP世界能源统计年鉴

第四节　消费需求

近年来，世界经济缓慢复苏，人口规模持续增长，世界能源需求稳步增加（图2–9）。其中新能源领域，受到宏观经济的影响，投资增速几经波动，投资规模逐渐趋于稳定（图2–10），从侧面体现了新能源市场需求经过几轮爆发式增长后的稳步提高。

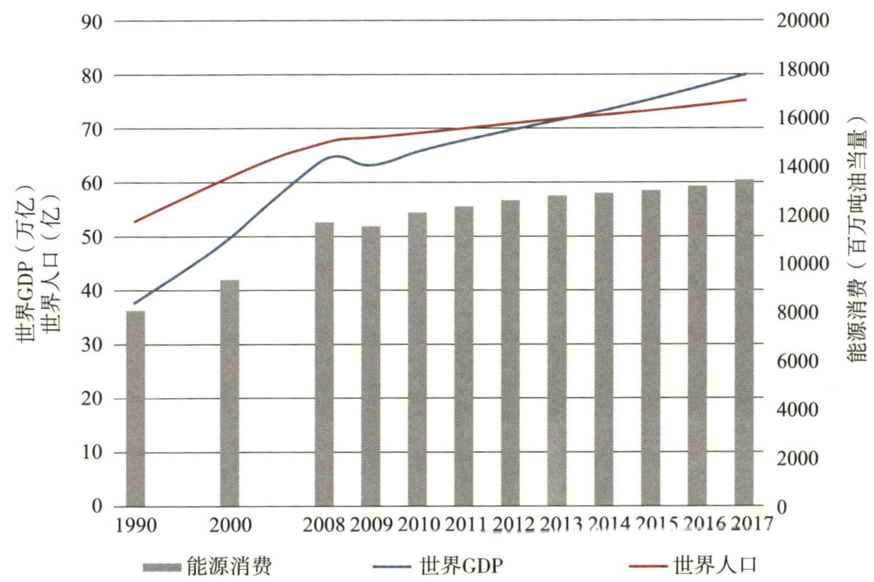

图2–9　世界能源消费总量与GDP、人口增长

数据来源：世界能源、BP世界能源统计年鉴

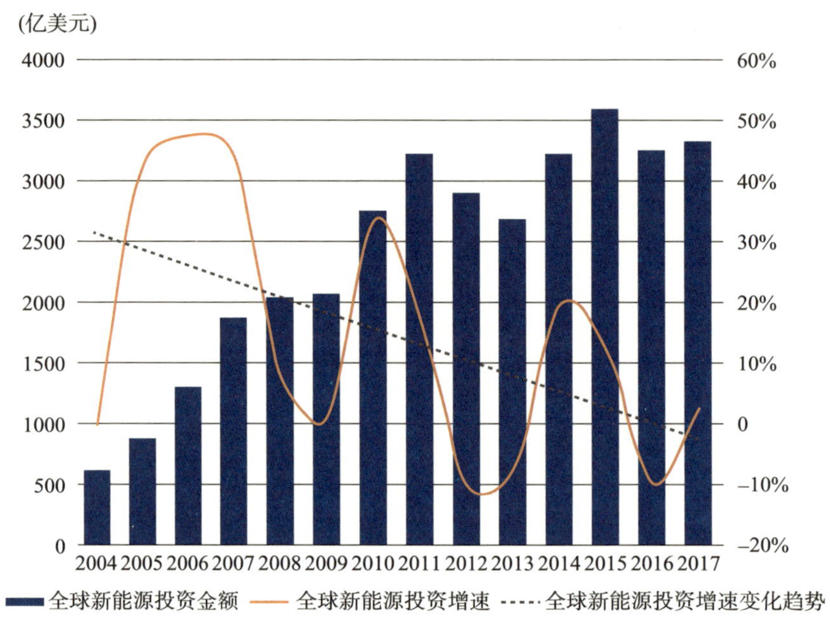

图2–10　世界新能源投资规模

数据来源：彭博新能源财经

公众对于绿色生活方式的接受程度和限制人类活动对于环境影响的态度持续上升，全球有78%的公众支持本国政府加入控制温室气体排放的《巴黎协定》，超过三分之二的公众认同人类要改变生活方式以减缓全球气候变化。公众对环境保护的关注和接受推动了本国政府和国际社会采取更为积极的政策控制化石燃料的使用和激励包括风电、太阳能等再生能源的快速发展以及使用更为环保的交通方式（图2–11、图2–12）。

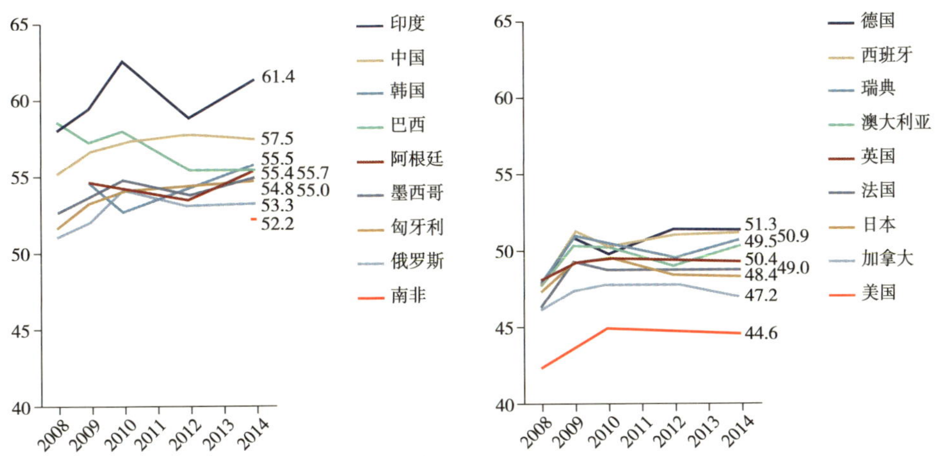

图2-11　典型国家绿色指数

注：绿色指数：综合反应公众选择的生活、消费方式对环境的影响程度。
数据来源：National Graphical Society and GlobalScan

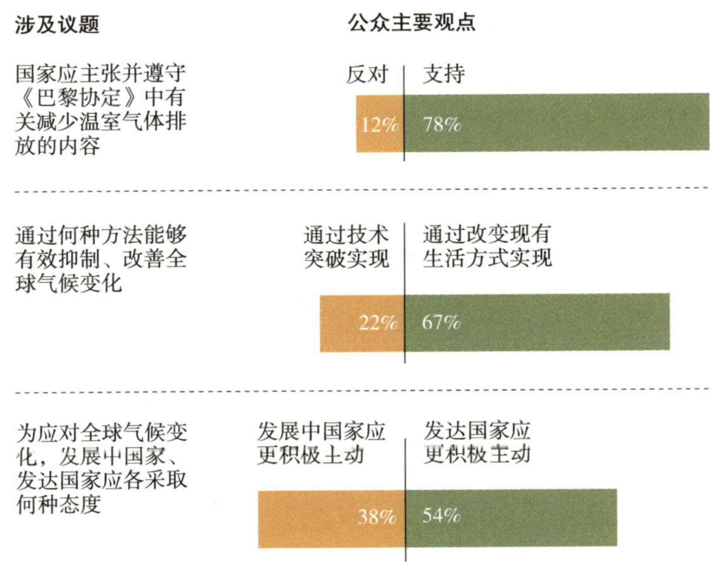

图2-12　公众对于控制温室气体的态度

数据来源：Pew Research Center 2015

第五节　技术

技术进步是推动全球能源格局变革的重要力量，也是石油公司保持长期竞争力的关键。全球能源低碳转型的大背景下，新能源已经得到油气行业广泛关注，技术进步为石油公司发展新能源提供了可能。随着技术的进步，太阳能与风力等新能源发电成本大幅降低，部分已接近或低于化石燃料发电成本，同时考虑到未来碳约束的进一步增强，相应的碳捕捉成本也将计入高碳排放的化石燃料使用成本之中（图2–13），传统化石能源与新能源相比的成本优势正在不断减弱。

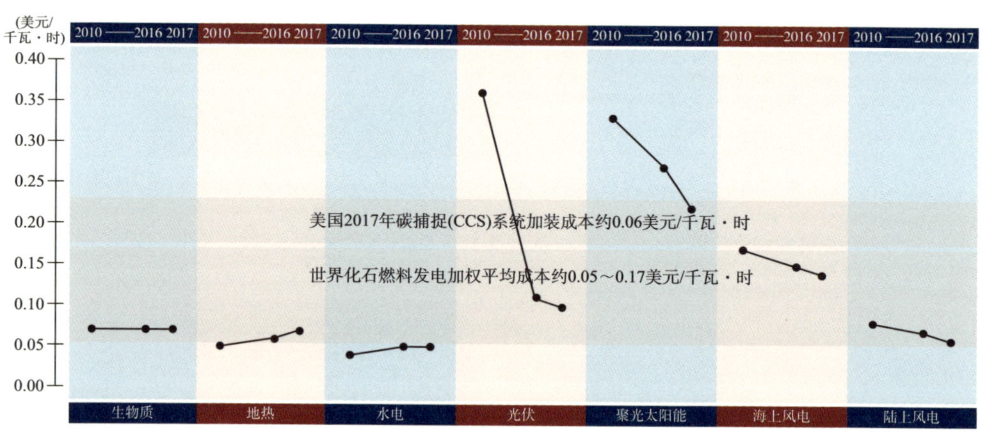

图2–13　新能源与化石燃料发电成本

数据来源：IRENA

本章小结

通过DrMIT分析模型，对影响石油行业发展的五个重要因素进行分析，可以看到，过去五年，三种新的力量正重新塑造新的世界油气行业格局：美国页岩油气经过30年的厚积薄发和高油价的推动，进入了爆发式的产量增加阶段，使得美国这个全球第一大石油消费国和石油进口国的进口依存度不断降低，并于2015年解除40年来的原油出口禁令；以沙特阿拉伯为首的日渐式微的欧佩克和以俄罗斯为首的主要非欧佩克石油出口国15年来首次达成合作协议，新的联盟力量再一次证明了石油的政治属性；以应对全球气候变化为特征的环保浪潮推动了公众和政府对于限制化石燃料和使用可再生能源的热情，技术创新已经使得可再生能源成为与传统化石燃料竞争的商业力量。在世界能源转型的大背景下，油气能源在产业、规制、市场、消费需求和技术等方面都受到了来自外部的清洁化转型要求的冲击，从而进一步影响了石油行业内市场主体，即能源生产者与消费者的市场行为及其互动关系，石油公司的战略发展面临着前所未有的环境挑战，在一个政策和技术更加不确定的商业环境下探寻前进的道路。

PART 3

第三章

国际石油公司的战略调整

为应对外部市场和环境的快速变化，样本公司普遍在油气资源结构、产业链结构和区域业务结构方面做出了积极调整，并配以科技战略的调整作为支撑。

第一节 资源结构调整

在世界能源格局深度调整和能源清洁化转型的背景下，样本公司对资源结构和业务方向普遍做出相应调整。

一、资源结构向天然气、非常规油气和深水油气资源倾斜

天然气、非常规油气和深水油气资源成为关注焦点（表3-1）。

1. 聚焦天然气业务。天然气资源是2013—2017年的热点资源，样本公司中大部分都涉足了天然气领域，12家公司明确提出“加大天然气业务发展力度”。其中全球一体化公司（IOC）在天然气方面的布局和规划调整最为显著，壳牌收购英国天然气集团，道达尔聚焦清洁能源，都在逐渐增加天然气业

务占比。而中国公司以中国石油和中国海油为典型，也在进一步加强天然气业务的发展。

表3–1 油气结构的布局与调整

IOC						NOC						区域型						E&P						中国公司					
企业	资源类型			开发类型		企业	资源类型			开发类型		企业	资源类型			开发类型		企业	资源类型			开发类型		企业	资源类型			开发类型	
	石油	天然气	LNG	深水	非常规		石油	天然气	LNG	深水	非常规		石油	天然气	LNG	深水	非常规		石油	天然气	LNG	深水	非常规		石油	天然气	LNG	深水	非常规
埃克森美孚	○	●	○	●	○	沙特阿美	○	○				卢克	○	○				康菲	○	○			○	中国石油	○	●	○		○
壳牌	○	●	○	●	○	伊朗国油	○	○				马来西亚国油	○	●	○			诺瓦泰克	○	○	○		○	中国石化	○	○	○		●
英国石油	○	●	○	●	○	委内瑞拉国油	○	○				埃尼	○	●	○			自然资源	○	○			○	中国海油	○	●	●	○	●
雪佛龙	○	●	○	○	○	俄油	○	●		○		印度油气	○	○				阿纳达科	○	○			○						
道达尔	○	●	○	●	○	俄气	○	●			●	挪威国油	○	○	○		●	戴文能源	○	○			○						
						科威特国油	○	○	○			雷普索尔	○	○	○			切萨皮克	○	○	○		○						
						卡塔尔石油	○	○		○		日本国际石油	○	○				西方石油	○	○			○						
						巴西国油	○	○				必和必拓	○	○				EOG能源	○	○			○						
						墨西哥国油	○	○				森科能源	○	○			●	诺贝尔	○	○			○						
						尼日利亚国油	○	○				泰国国油	○	○				马拉松	○	○		○	○						
						印尼国油	○	○				桑普拉		○	○			赫斯基	○	○	○		○						
						哥伦比亚国油	○	○				切实尼尔		○	○			伍德赛德	○	○	○		○						
						阿根廷国油	○	●				瓦莱罗						赫斯	○	○			○						
												菲利普斯66						墨菲	○	○			○						
												巴斯夫	○					阿帕奇	○	○			○						
												沙特基础工业						美国先锋	○	○			○						

注：●表示 2013—2017 年公司规划动态调整中，突出或加强了该领域业务的发展；○表示 2013—2017 年公司规划动态调整中，继续延续了该领域业务的发展。所有标示以公司年报信息为准。

2.聚焦非常规油气资源。北美地区非常规油气开采周期短、资金回收快、资本效率高，以及良好的投资环境吸引全球一体化公司（IOC）、独立勘探开发公司（E&P）以及中国公司关注并发展非常规油气业务。

3. 聚焦深水油气资源。尽管面临油价的深度调整，全球一体化公司（IOC）依然将深水油气资源作为关注的重要方向，在上游油气资源获取中，也频现深水油气资源的交易行为。

二、清洁低碳成为重要发展方向

清洁低碳成为样本公司中大部分公司的战略调整方向，并且业务领域逐步向新能源领域延伸（表3–2）。

1. 清洁能源由“社会责任目标”逐渐成为“核心业务板块”。全球一体化公司（IOC）、国家石油公司（NOC）和中国公司普遍关注清洁低碳的发展方向，壳牌、道达尔等公司已将其视为重要的业务板块独立发展，典型如道达尔2016年成立新能源、天然气和电力业务板块。

表3–2 清洁低碳业务的布局与调整

IOC					
企业	光伏	风电	生物质	其他	低碳节能
埃克森美孚					○
壳牌	○				○
英国石油	●	○	○		○
雪佛龙				○	○
道达尔	○		○	○	○

NOC					
企业	光伏	风电	生物质	其他	低碳节能
沙特阿美	●				
伊朗国油					
委内瑞拉国油					
俄油					
俄气	○				○
科威特国油					
卡塔尔石油					
巴西国油			○		
墨西哥国油					
尼日利亚国油					
印尼国油				○	
哥伦比亚国油					
阿根廷国油	○	○		○	

区域型					
企业	光伏	风电	生物质	其他	低碳节能
卢克					
马来西亚国油				○	
埃尼			○		○
印度油气					○
挪威国油		○		○	
雷普索尔				●	○
日本国际石油					○
必和必拓					
森科能源					
泰国国油					
桑普拉					
切实尼尔					
瓦莱罗					
菲利普斯66					
巴斯夫					
沙特基础工业					

E&P					
企业	光伏	风电	生物质	其他	低碳节能
康菲					
诺瓦泰克					
自然资源					
阿纳达科					
戴文能源					
切萨皮克					
西方石油					
EOG能源					
诺贝尔					
马拉松					
赫斯基					
伍德赛德					
赫斯					
墨菲					
阿帕奇					
美国先锋					

中国公司					
企业	光伏	风电	生物质	其他	低碳节能
中国石油					○
中国石化					○
中国海油					○

注：“其他”包括储能、地热、潮汐能等能源方向。●表示 2013—2017 年公司规划动态调整中，突出或加强了该领域业务的发展；○表示 2013—2017 年公司规划动态调整中，继续延续了该领域业务的发展。所有标示以公司年报信息为准。

2. 公司定位由“石油公司”向“综合能源供应商”转变。长期以来，以全球一体化公司（IOC）为代表，对新能源业务的发展几经反复，整体持探索和观望态度。但随着能源清洁化趋势、新能源技术发展和新能源成本的不断降低，在油价回升的背景下，全球一体化公司（IOC）开始重启新能源业务发展，如英国石油2017年底对光伏的回归，道达尔在2017年将自身定位由“全球性能源公司”调整为迎接能源、气候变化的挑战，提供更好能源的“国际领先综合能源供应商”。

目前已有五家大型石油公司明确提出“综合能源”战略转型。2016年，壳牌收购英国天然气集团后，提出将减少石油业务、增大天然气业务，同时更多参与新能源发展，为全球提供更多的清洁能源；2016年，英国石油提出未来的业务将向天然气倾斜，天然气资产占比到2020年将增至60%，石油资产则将相应降至40%，成为更加“清洁”的综合能源供应商；2016年，“沙特2030愿景”（Saudi Vision 2030）提出，沙特阿美将从石油生产商向多业态的全球工业集团转变，包括油气勘探开发、炼油化工、技术装备、新能源等多个发展方向；2017年，道达尔将自身定位由全球性能源公司调整为迎接能源、气候变化的挑战，提供更好能源的国际领先能源供应商；2018年，挪威国油宣布将更名为“Equinor”，公司将从以油气业务为主过渡到全球能源业务，将公司发展为一家业务更广泛的能源公司。

3. 大部分样本公司选择聚焦光伏业务和清洁交通两个方向作为清洁低碳转型策略。受欧美等地区光伏产业发展影响，2013—2017年，样本公司中大部分公司发展新能源首选光伏产业，如英国石油、壳牌、道达尔等已明确开展光伏业务；同时，围绕清洁交通，部分公司选择发展储能、电动汽车充电桩等新能源业务，典型如雷普索尔、道达尔。

第二节　产业链结构调整

在市场环境变化剧烈，特别是油价下跌背景下，样本公司基于自身业务特点动态调整上下游产业（表3-3），寻求符合自身发展特点的业务组合。

1. 全球一体化公司和国家石油公司，结合油价波动与长期战略定位，进行产业链结构优化调整。全球一体化公司（IOC），如壳牌、道达尔配合天然气业务发展，重组天然气及发电业务板块；国家石油公司（NOC），如沙特阿美重点发展下游炼化业务，提升下游业务盈利能力。

2. 独立勘探开发公司（E&P）延续完成下游资产剥离，如赫斯，至2015年完成了下游资产的全面剥离，成为纯粹的独立勘探开发公司。

3. 下游炼化、化工公司向精细化工方向延伸，如瓦莱罗，将天然气化工作为重要业务组合。

表3-3 产业链结构调整

IOC				NOC				区域型				E&P				中国公司			
企业	上游	中游	下游	企业	上游	中游	下游	企业	上游	中游	下游	企业	上游	中游	下游	企业	上游	中游	下游
埃克森美孚	○	○	○	沙特阿美	○	○	○	卢克	○	○	○	康菲	○			中国石油	○	○	○
壳牌	●	●	○	伊朗国油	○		○	马来西亚国油	○	○	○	诺瓦泰克	○	○		中国石化	○	○	○
英国石油	○	○	○	委内瑞拉国油	○		○	埃尼	○	○	○	自然资源	○			中国海油	○	○	○
雪佛龙	○	○	○	俄油	○		○	印度油气	○			阿纳达科	○						
道达尔	●	●	○	俄气	○	○		挪威国油	○	○		戴文能源	○						
				科威特国油	○		○	雷普索尔	○	○	○	切萨皮克	○	●					
				卡塔尔石油	○		○	日本国际石油	○			西方石油	○						
				巴西国油	○		○	必和必拓	○			EOG能源	○						
				墨西哥国油	○		○	森科能源	○		○	诺贝尔	○						
				尼日利亚国油	○		○	泰国国油	○	○	○	马拉松	○						
				印尼国油	○		○	桑普拉		○		赫斯基	○						
				哥伦比亚国油	○	○	○	切实尼尔		○		伍德赛德	○						
				阿根廷国油	○	○	○	瓦莱罗			●	赫斯	○		●				
								菲利普斯66			○	墨菲	○						
								巴斯夫	○		○	阿帕奇	○	○					
								沙特基础工业	○		○	美国先锋	○						

注：●表示 2013—2017 年公司规划动态调整中，突出或加强了该领域业务的发展；○表示 2013—2017 年公司规划动态调整中，继续延续了该领域业务的发展。所有标示以公司年报信息为准。

第三节 区域布局调整

在调整资源结构的同时，样本公司对地理区域布局也进行了不同程度的调整（表3-4），实现区域业务的聚焦或扩张。

2013—2017年，北美地区受到较多公司关注。在北美能源政策和页岩油气资源的双重引导下，北美地区成为近五年油气区域发展的热点区域。除了北美本土的独立勘探开发公司（E&P）外，一些欧亚国家公司也积极布局北美市场，如马来西亚国油提出加强加拿大地区业务发展；雷普索尔在北美积极获取资源；同时，埃克森美孚也于2016年底开始回归美国本土发展。

表3–4　区域结构调整

IOC							NOC							区域型							E&P							中国公司						
企业	全球	北美	中南美	欧洲	亚太	非洲&中东	企业	全球	北美	中南美	欧洲	亚太	非洲&中东	企业	全球	北美	中南美	欧洲	亚太	非洲&中东	企业	全球	北美	中南美	欧洲	亚太	非洲&中东	企业	全球	北美	中南美	欧洲	亚太	非洲&中东
埃克森美孚	○	●		○	○	○	沙特阿美		○			○	○	卢克				○			康菲	○	○		○	○	○	中国石油			○	●	●	○
壳牌	○	○	○	○	○	○	伊朗国油						○	马来西亚国油		●			○		诺瓦泰克				○			中国石化				●	●	
英国石油	○	○	○	○	○	○	委内瑞拉国油			○				埃尼	○	○		○	○	○	自然资源		○		○		○	中国海油		○	○	●	●	
雪佛龙	○	○		○	○	○	俄油				○			印度油气					○		阿纳达科	○	○	○			○							
道达尔	○	○		○	○	○	俄气				○			挪威国油	○	○	○	○		○	戴文能源		○											
							科威特国油						○	雷普索尔	○	●	●	○	○	○	切萨皮克		○											
							卡塔尔石油						○	日本国际石油		○		○	○	○	西方石油		○				○							
							巴西国油			○				必和必拓	○	○			○		EOG能源		○	○										
							墨西哥国油			○				森科能源		○		○			诺贝尔		○				○							
							尼日利亚国油						○	泰国国油					○		马拉松		○		○		○							
							印尼国油					○		桑普拉		○					赫斯基		○			●								
							哥伦比亚国油			○				切实尼尔		○					伍德赛德					○								
							阿根廷国油			○				瓦莱罗		○					赫斯	○	○		○	○	○							
														菲利普斯66		○		○			墨菲		○			○								
														巴斯夫	○		○	○	○	○	阿帕奇		○		○		○							
														沙特基础工业						○	美国先锋		○											

注：●表示 2013—2017 年公司规划动态调整中，突出或加强在该区域的发展；○表示 2013—2017 年公司规划动态调整中，继续延续了该区域的发展。所有标示以公司年报信息为准。

第四节　技术研发调整

为应对外部市场环境变化，配合资源结构、产业链结构及区域结构调整，在技术研发方面，大部分公司也进行了一些调整（表3–5）。

1. 对数字化技术应用的态度从“关注”到“优先发展”。2013—2017年，数字化技术与油气业务产生了激烈碰撞。除了美国三大油服公司紧追数字化进程外，全球一体化公司（IOC）和领先的区域型公司，如英国石油、道达尔、挪威国油等，也加紧技术研发布局，对数字化技术应用的态度由“关注”转变为“优先发展”。

2. 油气相关技术关注方向从“物探”技术向“提高采收率”技术转变。

油气技术一直是油气公司技术发展的核心领域。2013—2017年，在油气技术聚焦点上，53家公司中大部分公司由“物探”技术向“提高采收率”技术方向转移，其中，独立勘探开发公司（E&P）的调整尤为突出。

表3-5　技术研发调整

IOC					NOC					区域型					E&P					中国公司				
企业	数字化	油气相关	碳捕捉	新能源	企业	数字化	油气相关	碳捕捉	新能源	企业	数字化	油气相关	碳捕捉	新能源	企业	数字化	油气相关	碳捕捉	新能源	企业	数字化	油气相关	碳捕捉	新能源
埃克森美孚	●	○	○	○	沙特阿美		○		●	卢克		○			康菲		●			中国石油	○	○	○	○
壳牌	●	○	○	○	伊朗国油					马来西亚国油		○			诺瓦泰克					中国石化	○	○	○	○
英国石油	●	○	○	●	委内瑞拉国油		○			埃尼	●	○	○	○	自然资源		●			中国海油	○	○	○	○
雪佛龙	○	○	○	○	俄油	●	○			印度油气				○	阿纳达科	○	●							
道达尔	●	○	○	○	俄气		○		○	挪威国油	●	○	○	○	戴文能源	○	●							
					科威特国油					雷普索尔	●	○	○	●	切萨皮克		●							
					卡塔尔石油					日本国际石油				○	西方石油	○	●							
					巴西国油		○		○	必和必拓	○	○			EOG能源	○	●							
					墨西哥国油		○			森科能源		○			诺贝尔		●							
					尼日利亚国油		○			泰国国油		○			马拉松		●							
					印尼国油		○		○	桑普拉	○		○		赫斯基		●	○						
					哥伦比亚国油	●	○			切实尼尔	○				伍德赛德	○	●							
					阿根廷国油	●	○		○	瓦莱罗		○			赫斯		●							
										菲利普斯66		○		○	墨菲		●							
										巴斯夫	○	○		○	阿帕奇		●							
										沙特基础工业		○	○		美国先锋		●							

注：“数字化”包括地勘建模、可视化、大数据等技术方向；“油气相关”包括勘探开发设备、新型材料等技术方向。●表示 2013—2017 年公司规划动态调整中，突出或加强了该技术的发展；○表示 2013—2017 年公司规划动态调整中，继续延续了该技术的发展。所有标示以公司年报信息为准。

3. 匹配能源战略转型，清洁低碳技术得到相应发展。与能源战略转型相匹配，53家公司中一些公司开始关注包括光伏（如英国石油、沙特阿美）、储能（如道达尔、雷普索尔）在内的新能源技术；同时埃克森美孚、挪威国油、雷普索尔等公司仍在探索碳捕捉技术。

本章小结

2013—2017年，能源市场经历了油价下跌并逐渐回升、新能源技术与产业蓬勃发展、碳约束强度不断提高等重要变化，样本公司出于主动应对市场变化或维持运营稳定的需要，普遍进行了不同程度的战略调整，突出表现在“加强天然气业务”和向能源“清洁化”发展。

1. 全球一体化公司（IOC），在资源结构上着力发展天然气，向清洁化积极转型；在产业链结构上推进上游资源多元化，以及产业链（资本）结构的最佳组合；在科技战略上优先发展数字化技术，为公司的转型与调整提供支撑。

2. 国家石油公司（NOC），在产业链结构上注重下游炼化发展；同时，作为领先能源公司的沙特阿美率先提出向发展光伏的清洁能源转型战略。

3. 区域型公司中，埃尼、挪威国油等领先公司加大推进天然气与新能源业务发展；在科技战略上积极发展数字化技术。

4. 独立勘探开发公司（E&P），在资源结构上更为聚焦非常规资源；在产业链结构上部分独立的勘探开发公司（E&P）内完成了下游资产的全面剥离；在科技战略上加大了“提高采收率”的相关技术。

5. 中国公司，在资源结构上关注能源清洁化方向，并强化天然气业务布局。

PART 4

第四章

国际石油公司的战略执行

根据战略调整，样本公司普遍在产业链结构与区域布局方面做出优化，并调整技术研发投入，其中12家公司布局新能源业务。

第一节 产业链结构调整行为

一、普遍采取审慎投资策略，同步缩减上下游资金支出[①]

（一）上游资金支出整体呈现下降趋势

1. 2013—2017年，上游资金支出整体呈现下降趋势，减少主要集中在2014—2016年（图4-1）。2014—2016年油价的大幅下跌和低位徘徊，给石油公司上游业务带来了极大的经营压力，甚至出现亏损，从而影响公司现金流规模和资产价值，使资本支出和投资决策面临更多的刚性制约。各类石油公司无论是出于主动适应市场或被动应急调整，都大幅减少了上游资本支出，同时大幅减少收并购支出，以应对不利市场环境。尽管到2017年，油价已经有较大幅度

① 上游资金支出：综合计算资本支出（capex）及收并购支出；下游资金支出：各公司下游业务板块存有差异，下游资金支出主要计算炼油、化工业务资本支出（capex）。

的回升，但除了独立勘探开发公司（E&P）外，其他三类石油公司上游资金支出仍未回到2013年水平。2014—2016年上游资金支出的大幅减少显然是受到油价下跌的市场环境影响，油价暴跌导致上游业务盈利能力下降，样本公司中大部分公司大幅削减勘探开发投资，推迟或取消部分项目，以控制公司的生产运营成本，从而导致了上游资金支出在2014—2016年的集中减少。

2. 全球一体化公司（IOC）上游资金支出由减转增（图4-1）。高油价时期，全球一体化公司（IOC）投资规模逐年攀升，2013年上游资金支出规模达到总计1640亿美元的历史新高。2014—2016年油价下跌，全球一体化公司（IOC）大幅削减勘探开发资本支出，2016年与2013年相比上游资金支出最小值①降幅约48%，中位值降幅约47%，其中降幅最大的埃克森美孚，2016年与2013年相比，上游资金支出降幅达到64%（表4-1）。澳大利亚液化天然气与加拿大油砂等高成本项目被普遍搁置或推迟，典型如壳牌放弃澳大利亚Arrow液化天然气项目，埃克森美孚推迟澳大利亚Scarborough液化天然气项目，壳牌放弃加拿大Pierre油砂项目，英国石油推迟加拿大Sunrise二期油砂项目，道达尔搁置加拿大Joslyn油砂项目等。

3. 国家石油公司（NOC）上游资金支出先减后增（图4-1）。2013—2017年国家石油公司（NOC）上游资金支出最大值、最小值和中位值降幅分别为80%，66%和42%。2014年与2015年两年上游资金支出下降最为明显，累计最

① 2016年壳牌公司以530亿美元完成对英国天然气公司的收购交易，成为十年来石油行业最大单笔交易，极大拉高了2016年IOC上游资金支出最大值，导致该数据缺乏代表性，故此处仅关注最小值与中位值变化。

小值[①]降幅约33%，中位值降幅约45%，其中降幅最大的俄油，降幅达到90%。2017年国家石油公司（NOC）上游资金支出出现一定回升迹象，最大值减少15%，但最小值与中位值分别增长了76%和12%（表4-1）。其中，俄油2016年上游资金支出出现大规模增长，达到199亿美元，主要是完成对印度埃萨石油（Essar）49%股权和俄罗斯巴什石油（Bashneft）50%股权的重大收购交易。2017年上游资金支出有所回落，但也超过2015年前的最高水平，达到126亿美元。

4.区域型公司上游资金支出整体呈减少趋势，减少集中在2015—2017年（图4-1）。2013—2017年区域型公司上游资金支出最大值、最小值和中位值降幅分别为50%，58%和47%（表4-1）。区域型公司较为特殊，上游资金支出减少主要集中在2016年与2017年，2017年与2015年相比最大值降幅约47%，最小值降幅约60%，中位值降幅约47%，其中雷普索尔降幅最为明显，从2015年的200亿美元降至2017年的26亿美元。

5. 独立勘探开发公司（E&P）上游资金支出先减后增（图4-1）。独立勘探开发公司（E&P）上游资金支出大幅减少同样在2014—2016年，2016年与2014年相比最大值降幅约69%、中位值降幅约64%，最小值尽管与2014年相比有所增加，但与2015年相比，则下降了38%（表4-1），其中降幅最为显著的阿帕奇，降幅达到86%，其他降幅超过70%的有康菲、戴文能源、赫斯基、赫斯和墨菲等5家公司。值得注意的是，由于独立勘探开发公司（E&P）业务规

① 2013年俄油以600亿美元的金额完成对从英国石油与AAR财团处收购秋明英国石油（TNK-BP）全部股份的交易，极大拉高了2013年NOC上游资金支出最大值，导致该数据缺乏代表性，故此处仅关注最小值与中位值变化。

模相对较小，面对市场波动可以更为灵活地调整资金配置，低油价环境收缩资金支出，而油价回暖后则快速扩大资金支出。所以，尽管独立勘探开发公司（E&P）2017年上游资金支出中位值与2013年相比与其他三类石油公司类似，同样呈现明显下降趋势，降幅约55%，但其最大值、最小值已分别达到2013年的108%和165%。与2016年相比，2017年独立勘探开发公司（E&P）上游资金支出已全面回升，最大值、最小值和中位值分别增长超过249%、21%和30%（表4-1），其中增幅最大的是加拿大自然资源和诺贝尔能源，增幅分别达到652%和207%。

（二）下游资金支出整体呈现先减后增趋势

1. 2013—2017年，下游资金支出整体呈现先减后增趋势，减少集中在2014—2016年（图4-2）。2014—2016年的油价暴跌和低位徘徊，尽管有利于石油公司下游业务的成本降低和利润提升，但同时给石油公司上游业务带来了极大经营压力，并影响公司整体财务稳定。所以石油公司整体上采取了较为谨慎的资本策略，同步缩减上下游资金支出，以确保公司经营业绩和现金流量。

2. 全球一体化公司（IOC）下游资金支出先减后增，减少集中在2014与2015年（图4-2）。2013—2015年，全球一体化公司（IOC）下游资金支出下降明显，最大值、最小值与中位值分别下降1%、31%和16%，其中英国石油减少最为明显，降幅达到53%（表4-2）。但从上、下游资金支出比重来看，尽管全球一体化公司（IOC）同时削减了上下游资金支出，但除英国石油外，其他全球一体化公司（IOC）资金支出侧重明显向下游倾斜。其中埃克森美孚和壳牌公司最为典型，下游资金支出占比分别从2013年的11%和12%增至2017年的20%和27%。虽然下游业务投资回报率通常不及上游业务，但是在低油价环境中，下游业务资金投入少、利润稳定，并能够提供稳定现金流的业务特点，使其成为大部分全球一体化公司（IOC）的发展重点。一方面是对下游优质炼油资产的集中改造扩能，另一方面是下游化工项目的积极投建，典型如埃克森美孚改造升级北美炼厂；壳牌扩建荷兰佩尔尼斯（Pernis）炼厂产能；埃克森美孚与雪佛龙在北美共同投建乙烷裂解装置；壳牌在北美增建α—烯烃生产装置等。

3. 国家石油公司（NOC）下游资金支出先增后减（图4–2）。国家石油公司（NOC）致力于大力发展下游业务，2014年下游资金支出依旧保持了一定幅度的增长，与2013年相比，下游资金支出中位值增长31%，最小值增长71%，最大值下降1%（表4–2）。其中阿根廷国油下游资金支出增加最为显著，增长超过70%。2014年至2016年油价下跌与低位徘徊，导致以上游业务为主的国家石油公司（NOC）经营压力激增，全面削减资金支出，下游资金支出受此影响，出现较大幅度减少，2016年与2014年相比下游资金支出最大值下降17%，最小值下降25%，中位值下降65%，其中下降幅度最大的哥伦比亚国油，2016年与2014年相比降幅达到78%（表4–2）。

4. 区域型公司下游资金支出先增后减（图4–2）。2014年区域型公司下游资金支出小幅增加，最大值增长3%，最小值下降20%，中位值增长18%（表4–2），主要是由于部分区域型公司，根据上游产量扩大下游业务，如森科能源2014年以1.2亿美元获得北美综合化工公司（Chemtrade）在加拿大蒙特利尔东部的炼化资产，以扩大油砂加工能力，当年森科能源下游资金支出增长14%。2014—2017年，区域型公司下游资金支出整体保持下降趋势，下游资金支出最大值下降59%，最小值下降17%，中位值下降36%，其中下降幅度最大的卢克，下游资金支出减少了59%。

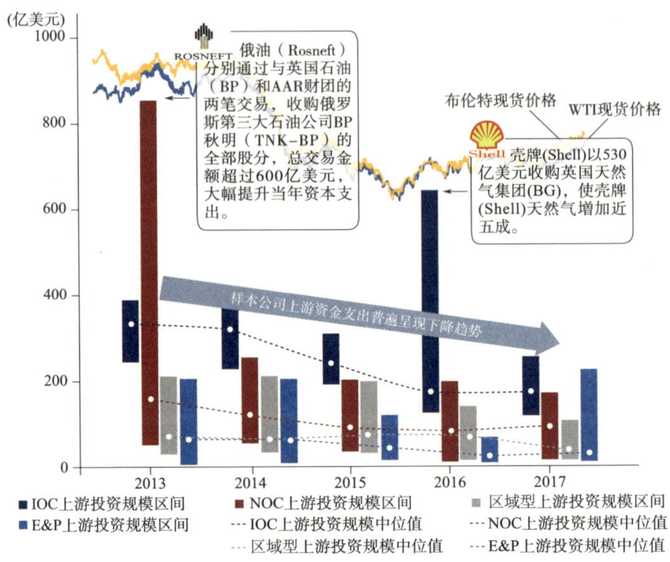

图4-1　四类石油公司上游资金支出

数据来源：公司年报整理、IHS数据

注：1. 中国公司未披露分析的上下游资金支出；2. E&P公司基本不涉及下游业务，无下游资金支出信息披露。

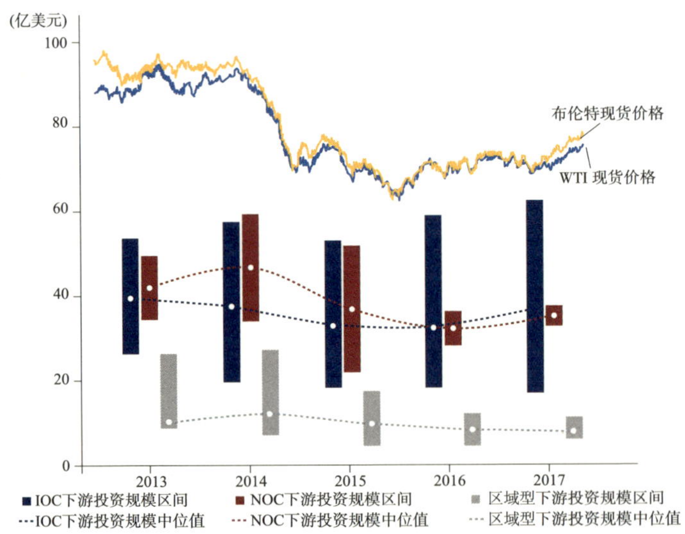

图4-2　三类石油公司下游资金支出

数据来源：公司年报整理

表4-1 四类石油公司上游资金支出最大值、最小值与中位值

上游资金支出（亿美元）		2013	2014	2015	2016	2017
IOC	最大值	39183	37569	31010	64796	25652
	中位值	33505	31792	24214	17597	17437
	最小值	24588	22876	19052	12781	11897
NOC	最大值	85975	25630	20233	19897	16959
	中位值	16090	12057	8847	8366	9379
	最小值	5099	5433	3417	998	1759
区域型	最大值	21249	21273	20041	14097	10565
	中位值	7185	6412	7260	6715	3840
	最小值	2787	3106	2956	1278	1181
E&P	最大值	20819	20573	12034	6445	22521
	中位值	6294	6084	4330	2175	2842
	最小值	586	686	1304	803	969

数据来源：IHS、公司年报整理

表4-2 三类石油公司下游资金支出最大值、最小值与中位值

下游资金支出（亿美元）		2013	2014	2015	2016	2017
IOC	最大值	5528	5910	5456	6057	6416
	中位值	4052	3858	3397	3352	3807
	最小值	2708	2022	1875	1861	1734
NOC	最大值	5101	6115	5320	3713	3862
	中位值	4326	4809	3771	3302	3609
	最小值	3552	3503	2223	2891	3356
区域型	最大值	2715	2791	1781	1247	1139
	中位值	1057	1251	1006	852	798
	最小值	893	714	453	466	594

数据来源：IHS、公司年报整理

二、通过投资与出售调整产业链结构

（一）不同类型公司投资与出售策略存在较大差异

2013—2017年，样本公司投资市场活跃度整体呈下降趋势，出售市场活跃度先增后降，油价低谷时期出售市场活跃度一度受到抑制。2014年油价暴跌，样本公司普遍采取谨慎的投资策略，投资数量与2013年相比显著下降，降幅达到21%（表4–3）。2017年油价有所回升，但样本公司多依旧保持谨慎态度，如壳牌、挪威国油、康菲等公司普遍认为油价前景或将持续震荡，需保持谨慎的投资策略。所以，2017年样本公司投资数量整体下降的趋势并未出现逆转，2013—2017年投资行为数量累计下降52%。出售方面，2014年与2013年相比出售行为数量明显增加，至128宗，增幅达到21%。2015年有所下滑，与2014年相比降幅为19%，而2016年出售行为数量又有所增加，达到107宗，与2015年相比增幅为3%，2017年出售行为数量达到5年最低，仅有74宗（表4–3）。可以发现，在低油价环境下，出售、剥离行为发生的集中时期，并不一定是油价低谷阶段，而可能是油价低谷两侧。出现这种现象的原因，与石油公司保持现金流稳定，以及市场信心不足有关。大量谋求出售的资产，在油价低谷阶段，难以寻得合适的买家，从而导致与油价低谷两侧时期相比油价低谷阶段的资产出售数量反而有所减少。

1. 全球一体化公司（IOC）长周期战略投资与短周期资产调整相结合，平衡现金流量与资源储量（图4–3）。2013—2017年全球一体化公司（IOC）的投资行为数量普遍小于出售行为数量，是市场的净卖方，特别是2014—2016年油价下跌时期，出售行为更为频繁。其中，2014—2016年累计上游投资13宗，出售34宗；中游投资11宗，出售29宗；下游投资23宗，出售57宗（表4-3）。显示出全球一体化公司（IOC）面对低油价环境较为谨慎的产业链上、中、下游投资策略。一方面继续投资一些具有长期战略价值的优质资产；另一方面调整业务重心，剥离非核心资产，优先对周期短、回报高的项目进行投资。典型如，壳牌在2016年进行重大战略投资，收购英国天然气公司的同时，于同年制定250亿美元针对高质量并具有短期收益项目的投资计划，包括对广东惠州大亚湾石化项目的大规模增资扩建；英国石油一方面基于天然气发展战略于2016年以3.75亿美元从埃尼处获得埃及祖尔（Zohr）气田10%股权，另一方面则重点投资位于墨西哥湾、阿塞拜疆、安哥拉和北海等地区，具有基础设施建设完善，业务基础良好等特点的高回报项目；雪佛龙基于项目前期布局优势，扩大成熟区块业务，如大规模扩建哈萨克斯坦Tengiz油田项目；埃克森美孚一方面积极获得巴西盐下油田等未来增长潜力巨大的长期战略资源，另一方面则大规模获取回报周期较短的美国二叠纪页岩资产。

2. 国家石油公司（NOC）继续推进资产结构优化，高度关注下游资产（图4-3）。2013—2017年国家石油公司（NOC）投资行为数量远大于出售行为数量，上游投资共56宗，出售23宗；中游投资共29宗，出售16宗；下游投资共101宗，出售26宗。其中下游投资行为无论绝对数量，还是与出售行为数量的比例都明显高于上游与中游投资行为（表4-3），体现了国家石油公司（NOC）对完善产业链布局，优化资产结构，发展下游炼化、化工业务的战略方向。

3. 区域型公司投资策略出现明显分化趋势（图4-3）。一方面马来西亚国油、泰国国油等从在高油价时期并购市场的“大买家”转变到对待海外油气资产并购趋于审慎，在油价低迷时期几乎没有任何并购活动；雷普索尔在2014年以83亿美元逢低收购加拿大独立石油公司塔利斯曼（Talisman）后，全面削减资金支出；另一方面，埃尼、挪威国油等全球布局较为广泛的区域型公司，投资策略与高油价时期相比更为谨慎，将投资目标转向欧洲、北美等政治风险较低，开发较为成熟的资产；印度石油天然气公司等仍在持续购买海外油气资产。因此区域型公司上、中、下游投资与出售数量较为均衡。2013—2017年区域型石油公司历年上、中、下游投资与出售行为数量普遍较为接近，其中2013年、2014年下游，2015年上游，2016年、2017年中游投资与出售行为数量均出现完全相同的情况（表4-3）。

4. 独立勘探开发公司（E&P）出售大量上游资产（图4-3）。独立勘探开发公司（E&P）出于优化资产、降低负债与聚焦核心业务等因素考虑，大量剥离非核心资产。2014年开始的油价暴跌，导致专注于上游业务的独立勘探开发公司（E&P）利润跳水，负债飙升，不得不考虑通过剥离资产的方式减少亏损或平衡债务。独立勘探开发公司（E&P）对于剥离资产类型的选择，则根据聚焦于核心北美页岩资产的战略考虑，积极出售非本土、非页岩资产。典型如，康菲对加拿大油砂与美国圣胡安盆地天然气资产的剥离；戴文能源对加拿大常规油气资产的剥离；阿帕奇对澳大利亚和加拿大天然气资产的剥离等。2015年油价进入低谷，独立勘探开发公司（E&P）上游投资行为数量也降至最低点，仅为2宗。同时，2014年与2016年上游出售行为数量出现两次增加，分别增加2宗和6宗，达到21宗和19宗（表4-3）。

5. 中国公司在高油价时期相对活跃，低油价时期表现审慎（图4-3）。2013年中国公司投资行为数量累计12宗，相比其他年份较为活跃，占2013—

2017年五年投资总量的30%（表4–3）。包括中国石油以42亿美元从埃尼处获得东非莫桑比克Area 4区块20%股权；中国石化以32亿美元获得阿帕奇在埃及西部沙漠地区的33%油气权益；中国海油以151亿美元收购加拿大石油公司尼克森等重大交易。2014—2016年油价下跌期间，中国公司投资较为审慎，但也进行了一些重要投资，包括中国海油通过尼克森从埃克森美孚处获得圭亚那Stabroek区块25%权益；中国石油以12亿美元获得加拿大阿尔伯塔省Dover油砂项目等。2017年，油价有所回升，中国公司投资数量未出现回升，但进行了较多重要战略投资，包括中国石化以9亿美元获得雪佛龙南非75%和雪佛龙博兹瓦纳公司100%下游炼油与零售资产；中国石油以18亿美元从阿布扎比国油处获得阿布扎比ADCO油田8%股权；中国海油以3.59亿美元获得英国图洛（Tullow）石油公司在非洲乌干达地区上游资产。

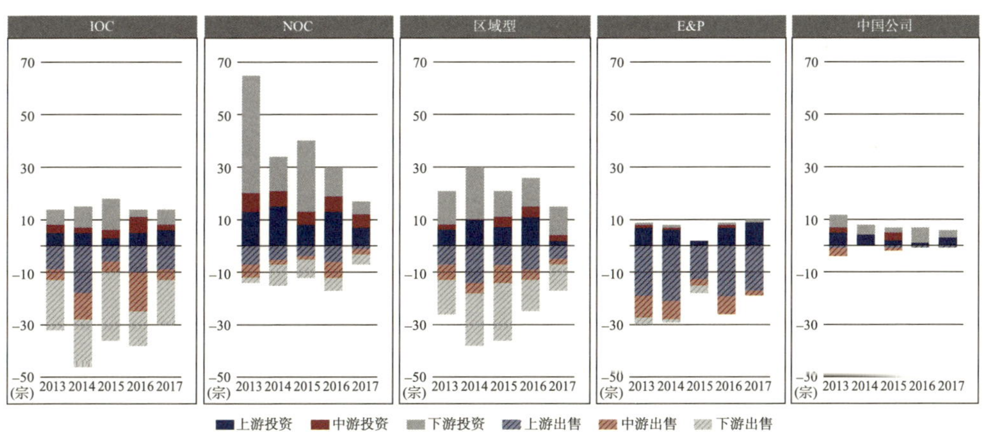

图4–3 不同类型石油公司上、中、下游投资、出售数量

数据来源：BVD—ZEPHYR全球并购交易分析库

表4–3 样本公司分产业链投资与出售数量

分产业链投资与出售数量（宗）		2013	2014	2015	2016	2017
IOC	上游投资	5	5	3	5	6
	中游投资	3	2	3	6	2
	下游投资	6	8	12	3	2
	上游出售	9	18	6	10	9
	中游出售	4	10	4	15	4
	下游出售	19	18	26	13	17
NOC	上游投资	13	15	8	13	7
	中游投资	7	6	5	6	5
	下游投资	45	13	27	11	5
	上游出售	7	5	4	6	1
	中游出售	5	2	1	6	2
	下游出售	2	8	7	5	4
区域型	上游投资	6	10	7	11	2
	中游投资	2	0	4	4	2
	下游投资	13	20	10	11	11
	上游出售	7	14	7	9	5
	中游出售	6	4	7	4	2
	下游出售	13	20	22	12	10

续表

分产业链投资与出售数量（宗）		2013	2014	2015	2016	2017
E&P	上游投资	7	6	2	7	9
	中游投资	1	1	0	1	0
	下游投资	1	1	0	1	1
	上游出售	19	21	13	19	17
	中游出售	8	7	2	7	2
	下游出售	3	1	3	0	0
中国公司	上游投资	5	4	2	1	3
	中游投资	2	0	3	0	0
	下游投资	5	4	2	6	3
	上游出售	1	0	1	1	1

数据来源：BVD-ZEPHYR 全球并购交易分析库

此外，中国公司对资产出售的态度极为谨慎。与同样具有国家属性的国家石油公司（NOC）相比，中国公司2013—2017年，出售行为数量占投资出售交易总量的9%，远低于国家石油公司（NOC）的25.9%。进一步关注中国公司的海外交易行为，将时间跨度延长至2002—2017年，中国公司海外交易数量合计337宗，其中出售数量42宗，占比仅为12.46%。而从交易发生金额角度来看，2002—2017年，中国公司海外交易金额总计3999亿美元，其中出售交易金额18亿美元，占比仅为0.45%（表4-4），体现了中国公司对海外资产处置极为谨慎的态度。

表4-4　中国公司2002年至2017年投资与出售数量及发生金额

时间	项目	中国石油	中国石化	中国海油	合计
2002年至2017年	海外投资行为数量（宗）	130	92	73	295
	海外出售行为数量（宗）	12	10	20	42
	海外出售行为占比	8.45%	9.8%	21.51%	12.46%
	海外投资行为发生金额（百万美元）	152304	161573	84232	398109
	海外出售行为发生金额（百万美元）	1280	20	495	1795
	海外出售行为发生金额占比	0.83%	0.01%	0.58%	0.45%

注：统计数据包含集团公司及有限公司数据。

数据来源：公司年报、IHS

（二）上游投资优质资产与出售非核心资产并举，优化资产战略组合

样本公司上游投资与出售市场活跃度较高，与油价波动相关性较大（图4-4）。2014年样本公司上游投资与出售数量与2013年相比均有所增加，其中出售行为数量增加更为显著，增幅为35%。2015年油价步入低谷，上游投资与出售数量都出现了明显减少，与2014年相比，降幅分别为45%和47%（表4-3），2016年上游投资与出售数量与2015年相比都有一定回升，2017年投资与出售数量继续保持下降趋势。2014年，上游出售行为数量显著增长的同时，上游出售行为数量占上游投资和出售总量的比例从2013年的54%增加至2014年的59%（表4-3）。其后三年，这一比例有所回落，但均高于2013年水平，体现了样本公司面对低油价市场环境普遍缩减上游投资，剥离非核心资产的上游调整策略。

1. 通过收并购优质资产的方式，确保中长期储量稳定（图4-4）。随着全球常规油气资源新增资源量的日益减少，上游重点勘探区域从陆上向深水、重点勘探资源类型从常规向非常规转变，上游勘探开发难度不断提高，勘探开发成本不断增加。2014—2016年，样本公司普遍大幅削减上游资金支出，以应对油价下跌冲击，自行勘探获得的储量进一步减少。面对勘探开发成本提高，资金投入降低，新增储量减少的局面，部分样本公司通过并购优质资产的方式，增加上游储量规模，确保中长期储量稳定。典型如，埃克森美孚通过收并购方式持续扩大美国二叠纪盆地资产；2017年，壳牌以56亿美元收购巴斯家族（Bass Family）在二叠纪盆地的全部页岩资产，使其在该地区的储量增长翻倍至60亿桶油当量。低油价下，与自行勘探相比，储量收并购成本较低，并能快速实现储量增长，提高储量替代率。

2. 普遍剥离成本较高、盈利能力较差或经营风险较高的非核心资产（图4-4）。2013—2017年样本公司普遍制定了非核心资产的剥离计划。剥离的非核心资产主要是成本较高、盈利能力较差或经营风险较高的项目。高成本资产以加拿大油砂相关项目最为典型。如2017年康菲以133亿美元出售加拿大油砂和天然气资产；同年，壳牌公司以85亿美元出售其大部分加拿大油砂项目权益。盈利能力较差的资产包括一些规模较小、技术要求较高的项目。如道达尔将北极地区Kharyaga油田资产出售给俄罗斯扎鲁别日石油公司（Zarubezhneft）；放弃刚果黑角沿岸地区油田项目。经营风险较高的资产主要为受到当地政治、社会因素影响较大的项目，如壳牌对所持非洲尼日利亚和加蓬地区资产的逐步剥离。

3. 政府行为对石油公司依旧具有较强影响（图4–4）。近百亿美元的超大额资产投资与出售中，俄油收购秋明英国石油与雷普索尔被迫放弃阿根廷国油股权两项，都有较强的“政治色彩”。俄油收购秋明英国石油一方面强化了对俄罗斯本土资源的控制力，另一方面也借助秋明英国石油的大量海外业务增强其在全球油气市场中的竞争力，同时也进一步贯彻了俄罗斯政府的国有化策略。而雷普索尔对阿根廷国油股权的放弃，则完全是由于阿根廷政府对阿根廷国油强制国有化的无奈之举。

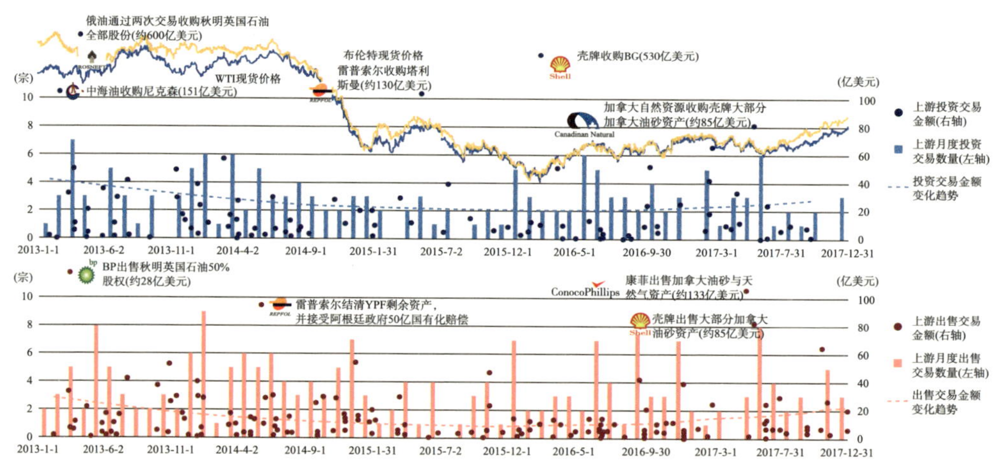

图4–4　上游投资与出售数量、金额分布与重大投资、出售行为

数据来源：BVD—ZEPHYR全球并购交易分析库、公司公开信息整理

4. 低油价环境并未动摇全球一体化公司（IOC）天然气发展战略（图4–4）。由于油、气资源间消费的替代性与价格的关联性，导致石油价格暴跌的同时波及天然气价格（图2–6），但天然气价格的下跌并未动摇全球一体化公司

（IOC）的天然气发展战略，它们依旧积极扩张天然气资产。2016年，壳牌公司以540亿美元[①]收购英国天然气公司的超大规模投资，大幅增加天然气资产比重，强化液化天然气（LNG）业务能力，向外界显示了其发展天然气业务的决心。同年，埃克森美孚也以35亿美元收购拥有大量澳洲天然气资产的Inter oil公司；2017年，英国石油获得埃尼公司所持埃及祖尔（Zohr）气田10%股权。

从油气资源类型[②]角度来看：

1. 全球一体化公司（IOC）更加有意愿进行绿地投资（Green Field Investment）（图4-5）。绿地投资是指资源开发处于早期阶段，需要进行详细地勘、物探，根据勘探结果进行生产设施建设的项目投资。2013—2017年，全球一体化公司（IOC）绿地投资占上游投资数量比例达到52%，其中尤以壳牌与道达尔绿地投资占比为最高，均达到57%，英国石油占比最低，但也达到了48%（表4-5）。绿地投资勘探开发周期较长，期间需要进行大量资金投入，不确定因素较多，但也更容易获得高额回报，这一特点正好符合资金实力雄厚，并有较强风险控制能力，且全球业务布局较为广泛的全球一体化公司（IOC）的投资需求。

2. 壳牌、英国石油与道达尔积极持有天然气资产（图4-5）。2013—2017年全球一体化公司（IOC）油藏、气藏投资数量比例为44：56，国家石油公司（NOC）为52：42，区域型公司为61：39，独立勘探开发公司（E&P）为60：40，中国公司为55：45（表4-5）。其中全球一体化公司（IOC）特点显著，油藏、气藏投资数量比例小于1：1，说明五年累计气藏投资数量高于油藏

① 壳牌公司2016年年报第128页。

② 油气资源类型主要指：油藏、气藏、绿地项目。

投资数量，这是由于壳牌[①]、英国石油与道达尔对天然气资产的投资倾斜，三家公司五年累计气藏投资数量均高于油藏投资数量所致。

3. 国家石油公司（NOC）油藏、气藏投资较为平衡，对绿地投资较为谨慎（图4-5）。2013—2017年国家石油公司（NOC）油藏、气藏投资数量比例39∶36，没有明显的投资侧重。绿地投资方面，国家石油公司（NOC）绿地投资数量占全部投资总量的31%（表4-5），明显少于其他类型公司。这主要是由于国家石油公司（NOC）一般全球业务布局较少，相对缺乏海外投资经验，风险控制能力较弱，对绿地投资的诸多不确定因素较为担忧所致。

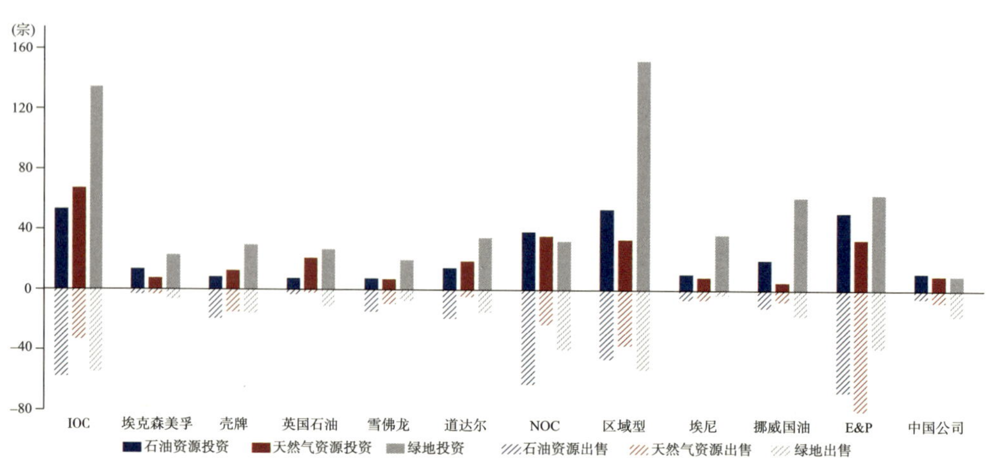

图4-5　上游投资与出售数量：油藏、气藏与绿地投资

数据来源：IHS

① 壳牌收购英国天然气公司后尚未并表，故此处未体现其整体天然气业务投资、出售交易情况。

4. 埃尼和挪威国油绿地投资数量较多，大幅拉高区域型公司绿地投资比重（图4–5）。2013—2017年，区域型公司绿地投资数量占全部投资数量的63%，高于其他类型石油公司，埃尼和挪威国油极高的绿地投资数量在其中起到了重要作用，两家公司绿地投资数量分为，37宗和62宗，占比分别达到了65%和71%（表4–5）。这主要是由于两家公司全球业务发展多年，具有较高的海外业务投资与初期建设经验，更加有意愿进行绿地投资。

表4–5 上游投资与出售数量：油藏、气藏与绿地投资

上游投资出售数量（宗）	投资			出售		
	油藏	气藏	绿地投资	油藏	气藏	绿地投资
IOC	54	68	135	58	33	55
埃克森美孚	14	8	23	3	3	6
壳牌	9	13	30	19	15	16
英国石油	8	21	27	3	2	11
雪佛龙	8	7	20	14	9	7
道达尔	15	19	35	19	4	15
NOC	39	36	33	63	23	40
区域型	54	34	153	46	37	53
埃尼	11	9	37	6	6	3
挪威国油	20	5	62	11	7	17
E&P	52	34	64	68	84	39
中国公司	12	10	10	5	7	17

数据来源：IHS

5. 独立探勘开发公司（E&P）进行了较多天然气资产的出售（图4–5）。自2014年第三季度以来，天然气价格与原油价格一样大幅下跌，为维持公司财务状况，大量北美地区的独立勘探开发公司（E&P）出售油气资产。同时，由于美国亨利交易枢纽（Henry Hub）天然气市场的实现价格更低（图2–6），导致上述独立勘探开发公司（E&P）天然气项目的经济性最先受到价格下跌的影响，在进行资产剥离的过程中，更多出售天然气资产。

6. 中国公司投资较为平均，绿地投资主要集中在独联体国家（图4–5）。中国公司油、气藏与绿地投资数量比例为12：10：10（表4–5），投资较为平均。其中绿地投资，主要集中于独联体国家。典型如，2015年，中国石油中标哈萨克斯坦PK项目中面积250平方公里的哈萨克斯坦5号勘探区块；2017年，中国石油再次中标哈萨克斯坦Tepeckeh Ⅰ和Tepeckeh Ⅱ两个勘探区块，总勘探面积达4500平方公里。

从勘探开发资源类型[①]角度来看：

1. 全球一体化公司（IOC）与区域型公司埃尼和挪威国油对深水资源的参与热情较高（图4–6）。2013—2017年，全球一体化公司（IOC）深水资源投资数量占上游投资总数量比例达到51%，其中埃克森美孚投资比例最高，达到64%，壳牌占比最低，约38%。而区域型公司中埃尼和挪威国油，深水资源投资占比同样保持了较高水平，分别为44%和56%（表4–6）。与国家石油公司（NOC）常规资源储量相对充足不同，全球一体化公司（IOC）和领先的区域型公司如埃尼、挪威国油，获取常规资源的难度不断增加，而深水勘探开发技术不断提升，项目建设逐步实现标准化和模块化，深水资源开发成本进一步减

① 勘探开发资源类型：常规（陆上）、近海、深水、非常规。

少，极大推升了全球一体化公司（IOC）和埃尼、挪威国油等领先区域型公司对深水资源的投资热情。

2. 国家石油公司（NOC）以参与常规资源的投资和出售为主（图4-6）。与全球一体化公司（IOC）、区域型公司和独立勘探开发公司（E&P）不同，2013—2017年国家石油公司（NOC）上游投资与出售都以常规资源为主，在上游投资与出售总量占比，分别达到39%和55%（表4-6）。说明国家石油公司（NOC）上游业务关注重点依旧集中在常规资源。

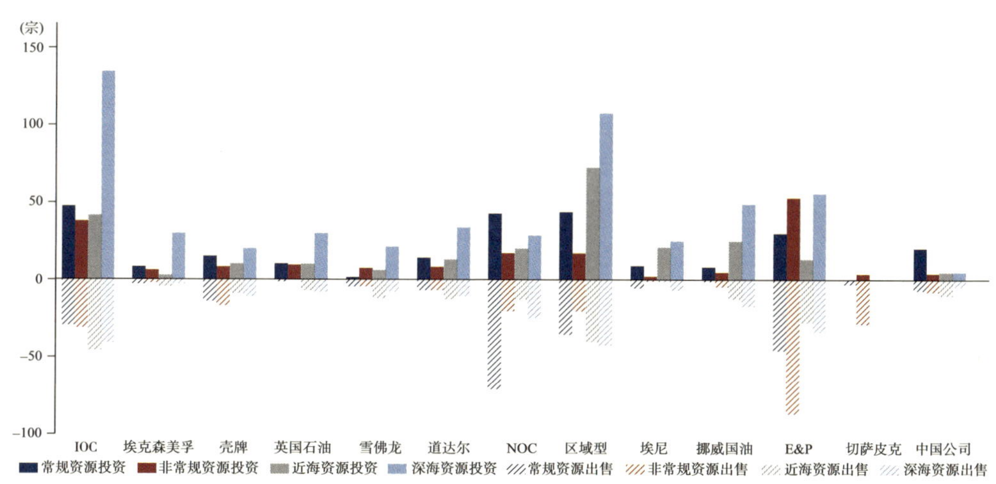

图4-6 上游投资与出售数量：常规、非常规、近海与深水资源

数据来源：IHS

3. 独立勘探开发公司（E&P）在非常规资产方面进行大规模调整（图4-6）。独立勘探开发公司（E&P）受油价下跌影响较大，出于应对市场环境压力的考虑，普遍进行大规模的资产调整，其中，非常规资产调整最为频繁。

2013—2017年独立勘探开发公司（E&P）累计非常规资源投资与出售数量占上游投资与出售总量的比例分别达到35%和45%（表4-6）。这种调整，典型如切萨皮克，大量出售非常规业务。

表4-6　上游投资与出售数量：常规、非常规、近海与深水资源

上游投资出售数量（宗）	投资				出售			
	常规	非常规	近海	深水	常规	非常规	近海	深水
IOC	48	38	42	135	30	31	46	41
埃克森美孚	8	6	3	30	3	2	5	3
壳牌	15	8	10	20	14	17	9	11
英国石油	10	9	10	30	1	0	7	8
雪佛龙	1	7	6	21	5	5	12	8
道达尔	14	8	13	34	7	7	13	11
NOC	43	17	20	29	71	20	13	25
区域型	44	17	73	108	35	20	40	43
埃尼	9	2	21	25	6	1	1	7
挪威国油	8	5	25	49	1	5	12	17
E&P	30	53	13	56	46	87	28	34
切萨皮克	0	4	0	0	3	29	0	0
中国公司	20	4	5	5	7	8	10	4

数据来源：IHS

4. 中国公司以常规资源的战略投资为主（图4-6）。2013—2017年，中国公司的上游投资普遍出于战略资源布局的考虑，获取开采潜力较大的常规资源区块权益，如2015年，中国石油以42亿美元从埃尼处获得东非莫桑比克Area 4

区块20%股权；2017年，中国石油以18亿美元从阿布扎比国油处获得阿布扎比ADCO油田8%股权。

（三）中游投资与出售多为顺应公司业务战略调整

样本公司中游业务布局较少，市场活跃度普遍较低，油价低谷时期，出售有所增加，2016年受到美国天然气出口解禁政策影响，活跃度一度提高（图4-7）。样本公司中游业务布局相对较少。全球一体化公司（IOC）和国家石油公司（NOC）普遍施行产业链一体化发展策略，重点布局上、下游业务的同时，配套发展一些中游业务；独立勘探开发公司（E&P）核心资产大部分集中于上游；仅有部分区域型公司以中游天然气贸易业务为核心，因此中游投资与出售市场并不活跃。2013—2017年样本公司中游投资与出售数量占5年累计投资与出售数量比例，分别为15%和20%（表4-3），投资与出售数量远低于上、下游领域。在面对低油价市场环境，需要剥离部分资产以稳定财务时，由于中游资产普遍不是样本公司的核心业务，而大量管网业务又具有较高资产价值，出售中游业务成为大部分石油公司的优先选择。特别是2015年7月至2016年12月的一年半时间内，中游出售数量累计达到45宗，占2013—2017年五年中游出售总量的44%。2016年，受美国天然气出口解禁政策影响，样本公司中游投资数量都有明显提高，中游投资数量占当年样本公司投资总量的20%，显著高于五年累计比例。美国页岩资源的大规模开采，带动了美国天然气产量不断增加，2016年美国天然气出口解禁，标志着美国从天然气净进口国向天然气净出口国转变的开始，极大带动了北美中游天然气管网、储运市场的热度，提高了当年中游投资与出售市场活跃度（表4-3）。

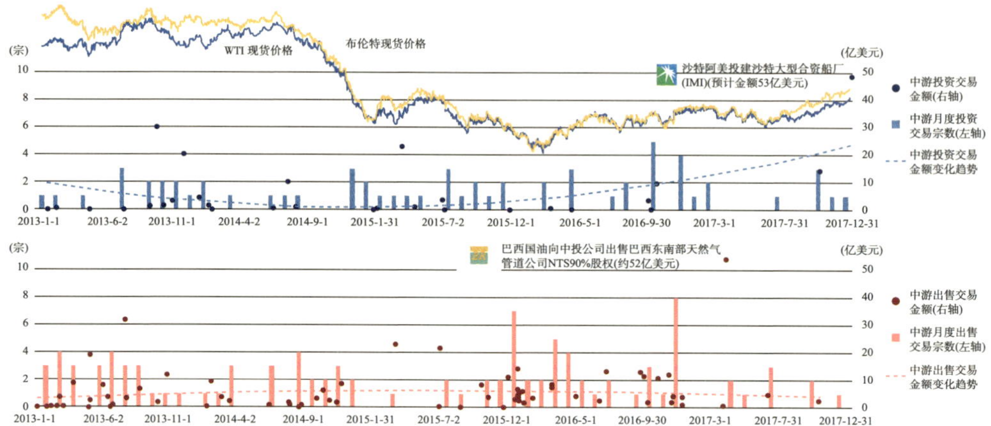

图4-7　中游投资与出售数量、金额分布与重大投资、出售行为

数据来源：BVD—ZEPHYR全球并购交易分析库、公司公开信息整理

从中游业务类型来看：

1. 全球一体化公司（IOC）中英国石油、雪佛龙和道达尔出售了较多管网和储运资产（图4–8）。2013—2017年英国石油分别进行了5宗管网资产出售和5宗储运资产出售；雪佛龙进行了5宗管网资产出售和3宗储运资产出售；道达尔进行了6宗管网资产出售和5宗储运资产出售（表4–7）。三家公司都积极出售中游管网、储运资产，但原因不尽相同。其中，英国石油与雪佛龙更多是出于低油价时期，中游资产受到冲击较小，出售价格较高因素的考虑，逢高出售部分中游资产，优化公司财务水平。而道达尔则主要是由于业务战略的全方位调整，引起的非核心资产剥离。

2. 国家石油公司（NOC）布局较多电力资产，并出现较大规模投资与出售行为（图4–8）。与其他几类石油公司不同，国家石油公司（NOC）在中游进行了大量电力资产投资。2013—2017年国家石油公司（NOC）电力投资数量占到全部中游投资数量的46%。其中，俄气与巴西国油最为典型，电力投资数量均为5宗，普遍高于其他石油公司（表4-7）。国家石油公司（NOC）对于电力业务的关注，主要是由于天然气业务的延伸和本国公共事业建设的需要。

与上游百亿美元级别投资、出售频出的情况不同，2013—2017年中游较大金额投资、出售数量稀少，超过50亿美元的投资与出售行为都出现在国家石油公司（NOC）之中，分别为沙特阿美参与投资建设沙特阿拉伯大型合资船厂（IMI）和巴西国油出售巴西东南部天然气管道公司NTS 90%股权。

3. 独立勘探开发公司（E&P）大规模出售中游资产的趋势较为明显（图4-8）。独立勘探开发公司（E&P）2013—2017年中游投资数量仅有3宗，但出售数量则高达26宗（表4-7），这主要受到低油价冲击，出于稳定财务考虑的应对之举。

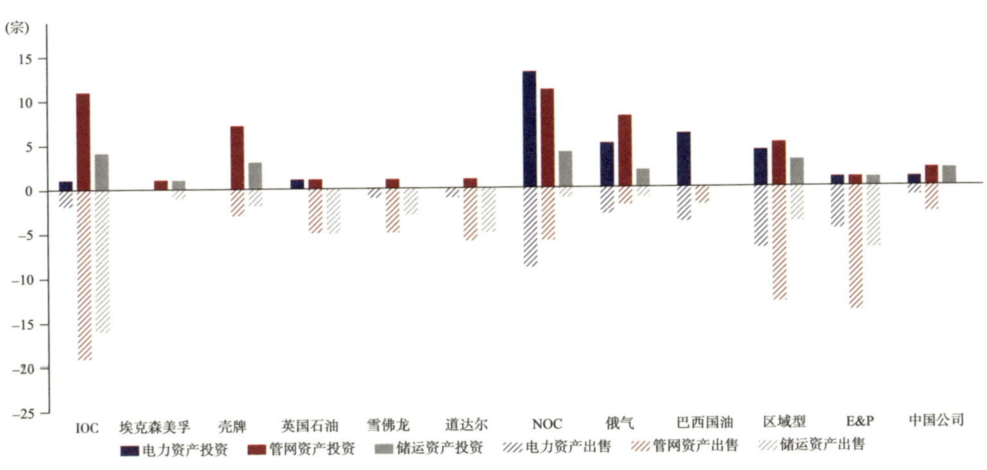

图4-8　中游投资与出售数量：电力、管网与储运

数据来源：BVD—ZEPHYR全球并购交易分析库、公司公开信息整理

表4–7　中游投资与出售数量：电力、管网与储运

中游投资出售数量（宗）	投资			出售		
	电力	管网	储运	电力	管网	储运
IOC	1	11	4	2	19	16
埃克森美孚	0	1	1	0	0	1
壳牌	0	7	3	0	3	2
英国石油	1	1	0	0	5	5
雪佛龙	0	1	0	1	5	3
道达尔	0	1	0	1	6	5
NOC	13	11	4	9	6	1
俄气	5	8	2	3	2	1
巴西国油	6	0	0	4	2	0
区域型	4	5	3	7	13	4
E&P	1	1	1	5	14	7
中国公司	1	2	2	1	3	0

数据来源：BVD–ZEPHYR 全球并购交易分析库

（四）不同类型公司差异化的下游业务调整策略促进下游投资与出售市场交易活跃

由于不同类型样本公司下游业务调整策略差异较大，2013—2017年，样本公司下游投资与出售数量存在较大波动（图4–9）。但从历年下游投资与出售数量占当年样本公司投资总量比例来看，2015年下游投资与出售最为活跃，当年下游投资数量占比达到58%，出售数量占比达到56%，远高于五年累计占比的49%和39%（表4–3）。2015年下游市场的活跃，主要是两方面因素影响，第一，全球一体化公司（IOC）在低油价环境中资金支出向下游倾斜和国家石油

公司（NOC）长期的积极完善产业链布局推动下游业务发展策略，共同促进了下游投资热度提高；第二，部分上下游一体化公司出于应对低油价环境压力，维持财务稳定的需求，及部分逢高出售的考虑，剥离部分下游资产，带动了下游出售行为的活跃。

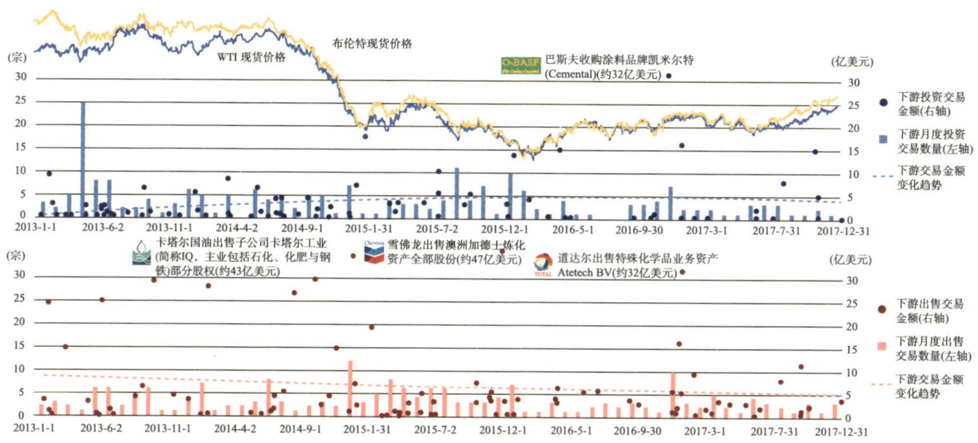

图4-9　下游投资与出售数量、金额分布与重大投资、出售行为

数据来源：BVD—ZEPHYR全球并购交易分析库、公司公开信息整理

从下游业务类型来看：

1. 全球一体化公司（IOC）对下游炼油、零售资产的调整较为一致（图4-10），部分公司逢高处置化工资产。2013—2017年，全球一体化公司（IOC）在下游普遍出售了炼油和零售资产，五年累计炼油和零售资产出售行为数量分别占下游出售行为总量的34%和57%（表4-8）。下游炼油资产的出售，一方面是由于全球一体化公司（IOC）对炼油业务结构的调整，剥离低效

产能，集中炼化能力；另一方面是由于炼油业务与化工业务相比，在石油价格下跌背景下，利润空间增长相对较小，出售炼油资产，减少炼油业务在下游业务中的比重可以使全球一体化公司（IOC）在下游业务中更加聚焦于化工领域。而零售资产的出售，则与传统欧美油品零售市场长期供过于求、全球一体化公司（IOC）普遍谋求退出部分欧美国家或地区零售市场有关，典型如壳牌2016年宣布加速削减在欧洲的零售资产规模，并将之作为低油价环境下降低公司成本的重要手段。同时，部分全球一体化公司（IOC）出于整体业务调整的需要，逢高处置化工资产。如2016年，道达尔32亿美元出售特殊化学品业务中的Atotech BV资产；2017年，英国石油16.8亿美元出售所持有的石化公司上海赛科全部股份。

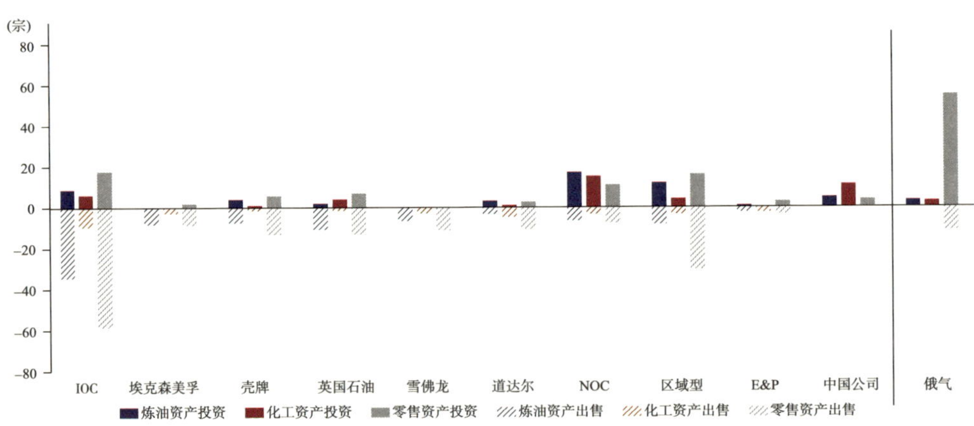

图4-10 下游投资与出售数量：炼化、化工与零售

注：区域型未包含非石油公司，巴斯夫、沙特基础工业；NOC未包含俄气。
数据来源：BVD—ZEPHYR全球并购交易分析库、公司公开信息整理

表4–8　下游投资与出售数量：炼化、化工与零售

下游投资出售数量（宗）	投资			出售		
	炼化	化工	零售	炼化	化工	零售
IOC	9	6	18	34	9	58
埃克森美孚	0	0	2	8	2	8
壳牌	4	1	6	7	1	17
英国石油	2	4	7	10	0	12
雪佛龙	0	0	0	6	2	11
道达尔	3	1	3	3	4	10
NOC（未含俄气）	17	15	11	6	3	7
俄气	3	3	55	0	0	11
区域型	12	4	16	8	3	30
E&P	1	0	3	2	2	3
中国公司	5	11	4	0	0	0

数据来源：BVD–ZEPHYR 全球并购交易分析库

2. 国家石油公司（NOC）积极布局下游业务，与其他石油公司相比对化工领域更为关注（图4–10）。2013—2017年，油气资源丰富而炼油能力不足的国家石油公司（NOC）完善产业链布局，高度重视发展下游业务，把提升油气资源附加价值作为重要的战略方向。为此，国家石油公司（NOC）普遍加大了下游投资力度，下游投资、出售数量比例为2.7∶1，投资数量远高于出售数量。与其他石油公司相比，国家石油公司（NOC）下游投资中，化工资产投资数量占比最高，达到35%，明显高于全球一体化公司（IOC）的18%和区域型公司的13%（表4–8）。以沙特阿美为例，近年来把提升炼化能力作为公司发展的战略重点，与道达尔、马来西亚国油、沙特基础工业、中国石化和陶氏化学等

公司合作。在印度西岸、马来西亚柔佛地区和沙特阿拉伯本土等地规划、投建多个大型或超大型综合炼化项目，炼油能力从2013年的220万桶/日增加至2017年的540万桶/日。另外，国家石油公司（NOC）中的俄气，由于其天然气业务与电力业务结合较为紧密，2013—2017年期间进行了大量天然气终端资产的投资。

3. 独立勘探开发公司（E&P）逐步完成下游资产的剥离（图4-10）。2013—2015年，部分独立勘探开发公司（E&P）对剩余的下游资产进行了处置。除赫斯保留了部分零售业务，诺瓦泰克和赫斯基保留天然气化工业务外，独立勘探开发公司（E&P）基本完成了对下游资产的剥离。

第二节　区域布局调整行为

在分析上、中、下游投资与出售行为对样本公司产业链业务结构调整的基础上，通过区域投资与出售行为进一步对样本公司的区域布局进行分析。从2013—2017年各类样本公司投资与出售数量来看，欧洲与北美地区成为全球石油投资与出售交易最为活跃的地区（图4-11）。五年中，欧洲地区累计投资与出售总量达到447宗，其中俄油、俄气两个公司进行的投资和出售数量总计176宗；北美地区累计投资与出售总量210宗（表4-9）。

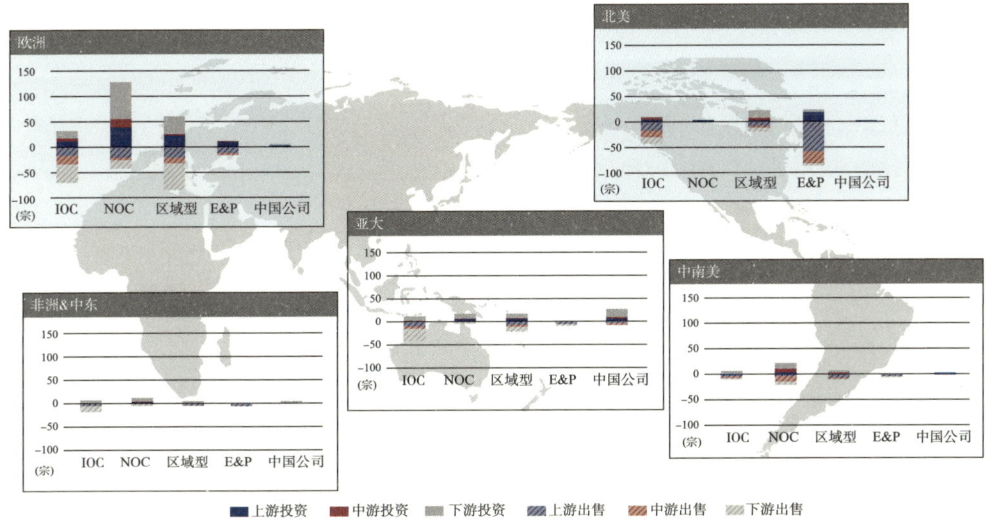

图4-11 分地区投资与出售数量：北美、中南美、欧洲、非洲&中东、亚太

数据来源：BVD—ZEPHYR全球并购交易分析库、公司公开信息整理

表4-9 分地区投资与出售数量：北美、中南美、欧洲、非洲&中东、亚太

分地区投资出售数量（宗）			投资			出售	
	上游	中游	下游	上游	中游	下游	
北美	IOC	5	5	0	17	13	13
	NOC	0	0	3	0	0	0
	区域型	4	5	14	8	3	9
	E&P	19	1	2	58	24	5
	中国公司	2	0	0	0	0	0
中南美	IOC	2	1	3	4	2	4
	NOC	4	7	10	4	10	7
	区域型	1	2	3	5	2	3
	E&P	0	0	0	4	0	1
	中国公司	2	0	0	0	0	0

续表

分地区投资出售数量（宗）			投资			出售	
上游		中游	下游	上游	中游	下游	
欧洲	IOC	13	7	12	14	16	37
	NOC	39	18	71	19	6	17
	区域型	23	3	33	19	15	50
	E&P	10	2	2	13	2	0
	中国公司	2	0	4	0	0	0
非洲及中东	IOC	2	1	5	4	0	12
	NOC	5	2	6	0	0	1
	区域型	1	0	3	2	0	1
	E&P	1	0	0	4	0	0
	中国公司	3	0	0	0	0	0
亚太	IOC	1	2	11	10	5	25
	NOC	5	2	10	0	0	1
	区域型	6	2	11	7	3	11
	E&P	1	0	0	8	0	1
	中国公司	6	5	16	4	4	0

数据来源：BVD-ZEPHYR 全球并购交易分析库、公司公开信息整理

一、北美地区非常规资源投资活动明显增多

美国页岩与加拿大油砂两大非常规资源相关交易频繁，极大带动了北美地区的上游资产交易的活跃度（图4-12、图4-13）。

1. 北美地区投资与出售，主要集中在美国二叠纪（Permian）、鹰滩（Eagle Ford）、巴肯（Bakken）等超大型盆地（图4-12）。投资方面，油价下

跌导致石油公司更倾向于选择风险较低，开发周期较短，资金回收较快的开发项目。北美超大型盆地探明可开采储量较大，相应油气管网等基础设施完善；同时页岩油田的开发周期远小于传统油田，仅需数月；而高衰减率的特性使页岩油田产量在1、2个月内即达到峰值，高产量开发周期在一年之内，从而可以快速回收资金。上述特性使北美超大型盆地的页岩资源持续受到全球一体化公司（IOC）与独立勘探开发公司（E&P）的关注。2013—2017年，埃克森美孚不断扩大美国二叠纪盆地页岩油气资产；戴文能源、诺贝尔能源等也进行了较大规模的页岩资产投资。出售方面，低油价对北美本土的独立勘探开发公司（E&P）形成较大冲击，为了稳定财务水平，同时聚焦于核心业务，加强技术投入以提高核心资源采收率，北美本土的独立勘探开发公司（E&P）大量剥离非核心资产。

2. 加拿大油砂资产被大规模剥离（图4-12）。加拿大油砂开采成本较高，且开采过程中伴随着大量的碳污染。阿尔伯塔省（Alberta）作为加拿大主要油砂产区，2017年开始加征碳排放税，进一步增加了油砂开采成本。受这些因素影响，2015年道达尔以2.3亿美元出售了Fort Hills油砂项目权益；2016年墨菲石油以9.37亿美元出售了Syncrude油砂项目权益；同年，挪威国油以6.17亿美元出售了KKD油砂项目权益；2017年康菲和壳牌大规模剥离了加拿大油砂资产。

3. 美国本土独立勘探开发公司（E&P）积极回归本土核心业务，剥离非核心资产（图4-12、图4-13）。为了应对油价下跌冲击，北美独立勘探开发公司（E&P）将发展重心回归本土的核心页岩油气业务，加强对核心资源的资金与技术投入，提高相应勘探开发能力，通过技术突破（重点方向“提高采收率”）降低生产成本，相应大量剥离海外资产与美国本土非核心资产。如阿帕奇出售墨西哥湾浅滩油气资产；戴文出售加拿大油砂资产。通过剥离海外业务，赫斯将北美地区储量与产量占比分别从2013年的46%和43%提升至2017年的65%和61%；墨菲将北美地区储量与产量占比分别从2013年的72%和43%提升至2017年的81%和62%。

4. 非北美本土石油公司积极布局北美非常规业务（图4–12）。2014年中国海油收购加拿大石油公司尼克森，2015年雷普索尔收购加拿大石油公司塔利斯曼，通过两项大规模投资，两家公司的全球业务比重都有一定程度的提升。北美非常规资源同时也吸引了其他非北美本土公司，如中国石油以12亿美元获得加拿大阿尔伯塔省Dover油砂项目；中国石化以10亿美元从切萨皮克处获得俄克拉荷马州页岩资产50%权益；澳大利亚必和必拓收购美国页岩生产商Petrohawk公司等。

5. 在下游，雪佛龙出售加拿大炼化与零售资产，成为北美地区交易金额最大的下游交易（图4–13）。高油价时期，对上游业务的大规模投资使部分公司积累较多负债，油价暴跌导致负债激增，而一些大规模项目的超期、超支使这一局面进一步恶化，雪佛龙就是这样一个典型，由于在高油价时期投资较多高成本上游资源，油价下跌导致资金难以回收。同时，投入大量资金的澳大利亚高更（Gorgon）液化天然气项目不断超期、超支，使雪佛龙不得不制定大规模非核心资产剥离计划，对加拿大下游资产的出售即为剥离计划之一。

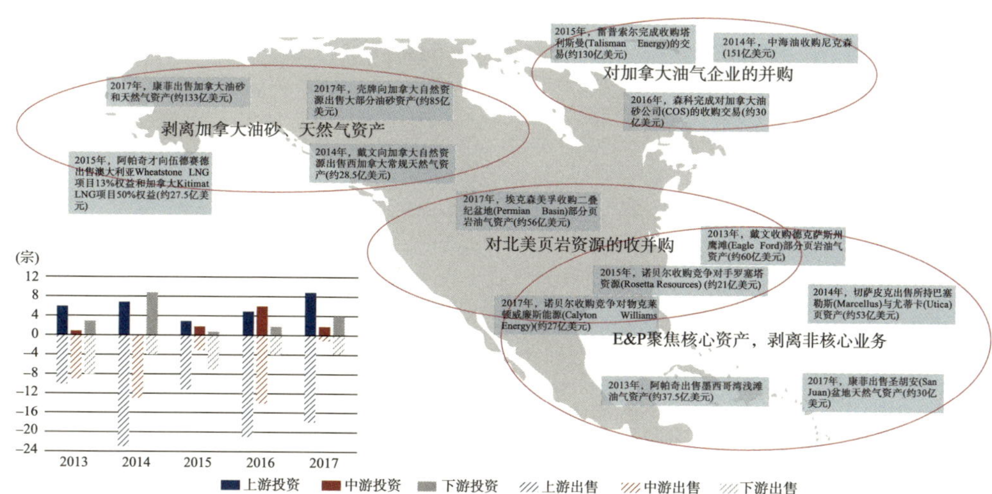

图4-12 北美地区上游投资、出售数量与大额交易情况

数据来源：BVD—ZEPHYR全球并购交易分析库、公司公开信息整理

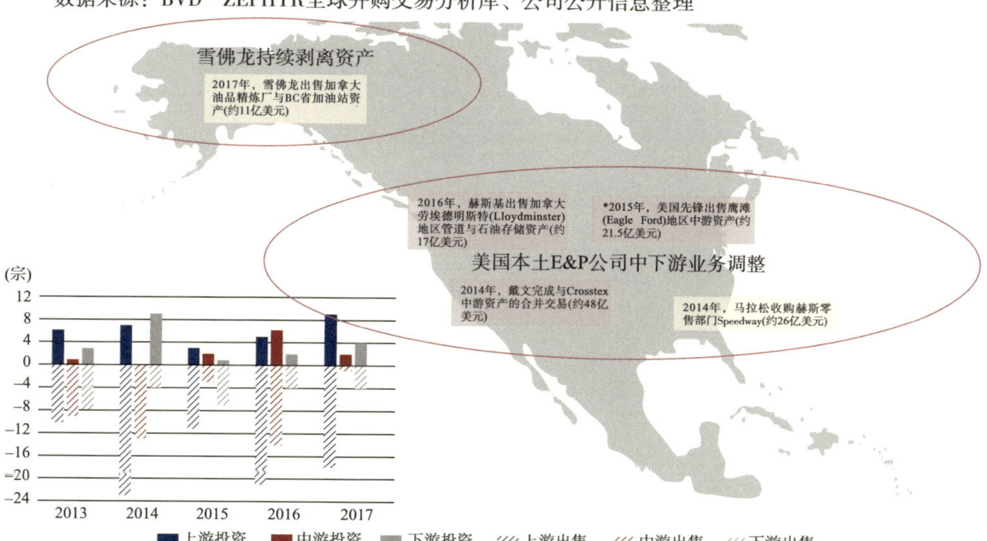

图4-13 北美地区中、下游投资、出售数量与大额交易情况

数据来源：BVD—ZEPHYR全球并购交易分析库、公司公开信息整理

二、中南美地区深水资源再次受到关注

巴西、圭亚那与墨西哥湾是近年来中南美地区的热点区域（图4–14）。

1. 巴西国油与埃克森美孚主导中南美地区新发现重大油气资源的开发（图4–14）。2013—2017年中南美地区有两项重大资源发现，分别比为2013年发现巴西Lara Entorno油田与2015年发现圭亚那Liza油田。其中巴西Lara Entorno油田的主要作业者是巴西国油，圭亚那Liza油田的主要作业者是埃克森美孚，两家公司主导了近年来中南美地区新发现重大油气资源的开发。

2. 巴西深水资源再次受到关注（图4–14）。由于受油价下跌，及本国政策过于严苛且缺乏稳定性等因素影响，2015年巴西第13轮油气招标区块受到冷遇。但随着油价的回升，巴西深水资源再次受到市场关注。2016—2017年，道达尔和挪威国油分别对巴西深水资源进行了超过20亿美元的投资，埃克森美孚在巴西第14轮油气区块招标中获得了授出37个区块中的10个，中国石油、中国石化及中国海油也参与了此次招标。

3. 全球一体化公司（IOC）与独立勘探开发公司（E&P）推进在墨西哥湾的勘探开发（图4–14）。2014—2017年，壳牌在墨西哥湾东部深水区块连获三次重大石油发现，其中壳牌与雪佛龙在Whale探井获得了重大发现，预计资源储量约为4亿桶油当量；2017年初，雪佛龙和道达尔在Ballymore探井处发现了轻质油净产油层，预计资源储量为5.5亿桶油当量。由美国雷斯塔能源公司（Rystad Energy）公布的多项墨西哥湾重大油气发现榜单中，2013—2017年独立勘探开发公司（E&P）在占有多个席位，曝光率较高的企业有阿纳达科、阿帕奇等，其中阿纳达科在Canyon区块有超过3个以上较大储层发现。

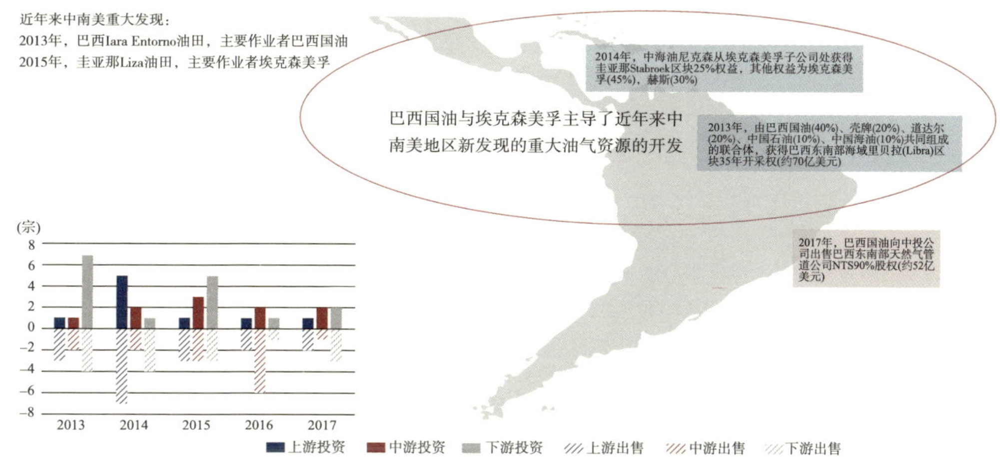

图4-14 中南美地区上、中、下游投资、出售数量与大额交易情况

数据来源：BVD—ZEPHYR全球并购交易分析库、公司公开信息整理

三、欧洲地区以北海、俄罗斯等区域油气资源整合为主

欧洲地区投资与出售的活跃，主要源于石油公司对北海地区资源的调整，以及俄油、俄气两家公司对俄罗斯本土资产的整合（图4-15）。

1. 北海油气资源整合（图4-15）。2013—2017年，围绕北海地区上游资源的调整较为频繁，部分石油公司削减相关资产，如英国石油、壳牌。部分石油公司加大北海资源控制力度，如道达尔、挪威国油。油价下跌后，北海油气资源再次受到关注，虽然北海油气资源开发较早，但依旧保有大量可开采储量，并不断有新的油气资源发现。同时，这一地区基础设施完备，通过区域整合，促进项目建设实现标准化和模块化，并结合先进勘探开发技术，可以有效降低生产成本。道达尔2017年与马士基达成协议（该交易于2018年完成），收购马士基全部油气资产（主要分布于北海地区），即是北海地区油气资源整合的典型案例。

2. 俄油、俄气持续整合俄罗斯本土资源（图4–15）。在俄罗斯加强资产国有化政策与俄油、俄气规模化发展战略的共同指引下，两家公司积极整合俄罗斯本土上、中、下游资产。2013—2017年，除了俄油收购秋明英国石油外，还发生了包括俄油收购德捷拉、俄油收购巴什石油以及俄气与诺瓦泰克共同收购埃尼北极圈亚马尔半岛天然气资产等重大交易。

3. 壳牌持续侧重发展天然气业务（图4–15）。值得注意的是，从欧洲地区大额交易情况看，壳牌在收购英国天然气公司前即已积极布局天然气业务，于2013年完成了对雷普索尔液化天然气（LNG）资产的收购。

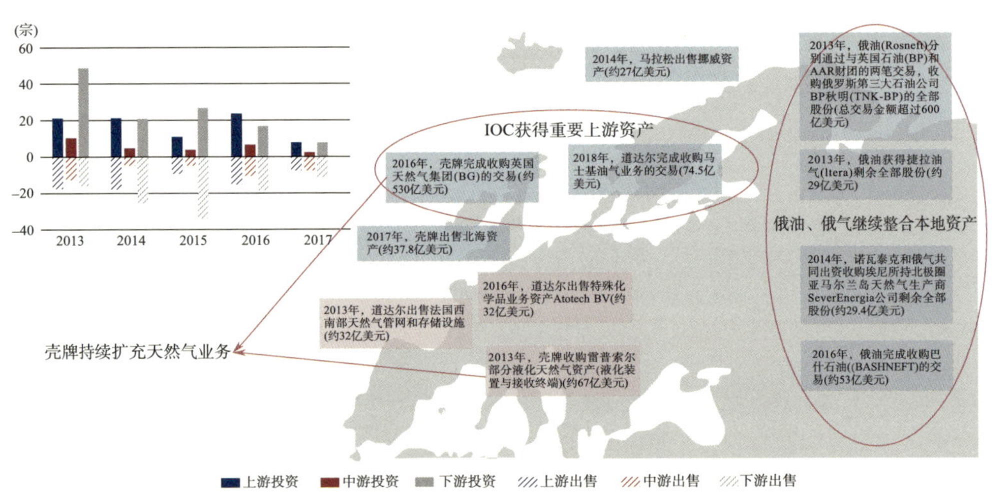

图4–15 欧洲地区上、中、下游投资、出售数量与大额交易情况

数据来源：BVD—ZEPHYR全球并购交易分析库、公司公开信息整理

四、东非成为非洲&中东地区投资热点

非洲&中东地区的交易主要围绕既有资源调整与重大发现展开（图4-16）。

1. 莫桑比克Mamba气田的发现，使东非地区成为近年来的热点投资区域（图4-16）。2013—2017年，样本公司在非洲&中东地区投资、出售行为较少，但也不乏重大投资。尽管2015年埃及境内祖尔地区获得重大天然气发现。但2013—2017年，非洲&中东地区的大额交易依旧主要围绕2012年发现的莫桑比克Mamba气田展开，包括中国石油42亿美元获得莫桑比克Mamba气田Area 4区块20%权益，埃克森美孚28亿美元获得莫桑比克Mamba气田Area 4区块25%权益，该气田的主要作业者为意大利埃尼。

2. 全球一体化公司（IOC）优化调整在非洲&中东地区的资产结构（图4-16）。埃克森美孚与卡塔尔国油加强合作，布局上游勘探开发、中游LNG营销等业务；壳牌收购英国天然气公司后，为获得更多现金流，剥离了位于伊拉克、加蓬、埃及等地区的上游资产；英国石油与科威特国油签署战略合作协议，参与其上游勘探开发，并积极布局安哥拉深水油气资源；道达尔与伊朗国油签署合作协议，加强在伊朗下游炼化业务的布局。

3. 俄油布局埃及祖尔气田（图4-16）。2017年10月，俄油完成了从埃尼收购埃及祖尔气田30%股份的交易，共支付约11.25亿美元。此次交易后，祖尔气田中埃尼占60%股份、俄油占30%，英国石油占10%。

4. 中国公司积极布局非洲&中东战略资源（图4-16）。2015年，中国石油以42亿美元从埃尼处获得东非莫桑比克Area 4区块20%股权；2017年，中国石

油以18亿美元从阿布扎比国油处获得阿布扎比ADCO油田8%股权；同年，中国海油以3.59亿美元获得英国图洛石油公司（Tullow）在非洲乌干达地区上游资产。

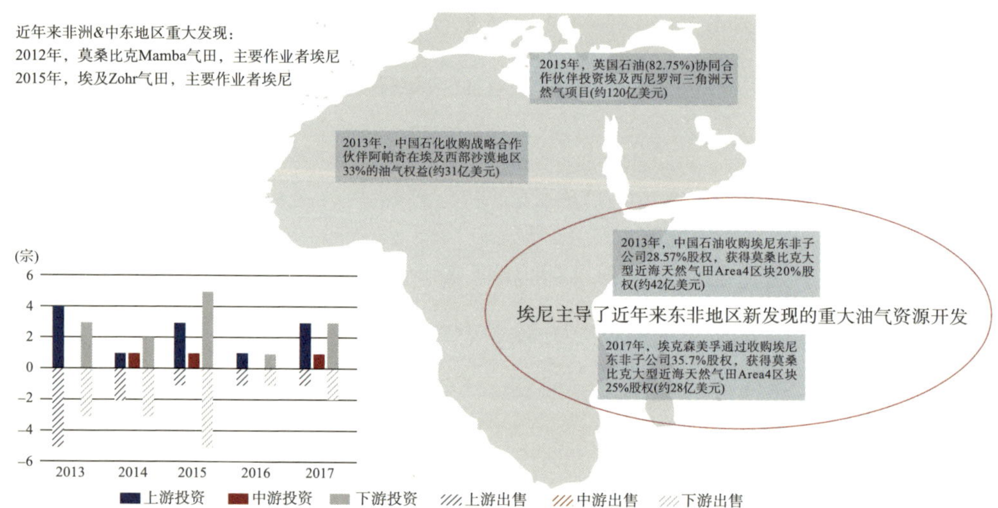

图4-16　非洲&中东地区上、中、下游投资、出售数量与大额交易情况

数据来源：BVD—ZEPHYR全球并购交易分析库、公司公开信息整理

五、中国公司在亚太地区（主要澳洲）频繁开展液化天然气项目合作

全球一体化公司（IOC）下游业务的调整与中国公司对澳大利亚液化天然气（LNG）项目的布局，代表了样本公司在亚太地区的主要业务优化方向（图4-17）。

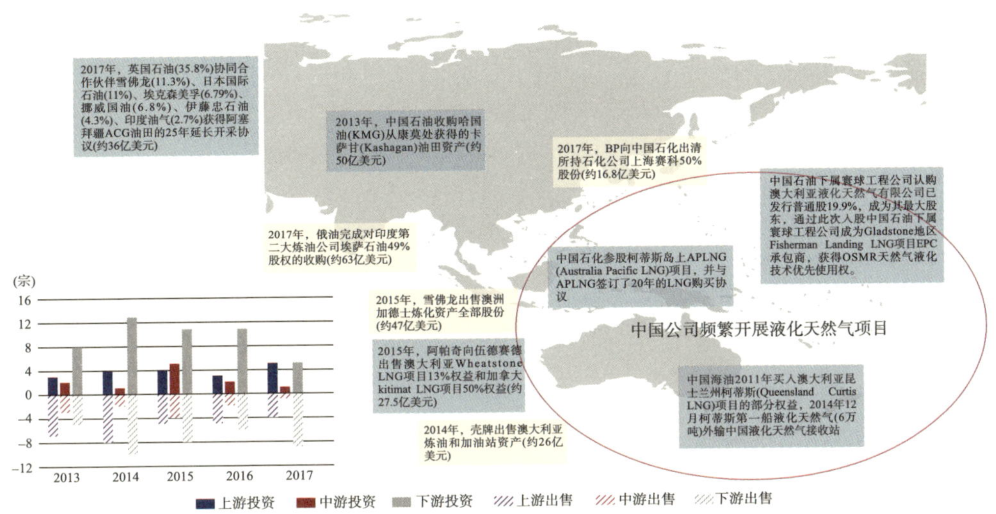

图4–17　亚太地区上、中、下游投资、出售数量与大额交易情况

数据来源：BVD—ZEPHYR全球并购交易分析库、公司公开信息整理

1. 全球一体化公司（IOC）出售亚太地区下游炼化资产（图4–17）。全球一体化公司（IOC）长期延续的下游资产调整策略，对亚太区域下游布局影响较大。壳牌对澳大利亚炼油和加油站资产与雪佛龙对澳大利亚加德士炼化资产的剥离，究其原因或与壳牌天然气业务转型及雪佛龙缓解财务压力的考虑有关。但2017年油价回暖后，英国石油对中国境内优质化工资产的出售，则显然与长期的下游资产调整策略有关。

2. 中国公司“加码”澳大利亚液化天然气（LNG）项目（图4–17）。近年来中国天然气需求快速增长，澳大利亚液化天然气（LNG）产量不断增加（图4–17）。而与卡塔尔等全球主要液化天然气（LNG）出口国相比，澳大利亚液化天然气（LNG）产量增长空间大，地理位置与中国接近，运输成本更为低廉，从而对中国公司具有较大吸引力。中国海油2011年买入澳大利亚昆士兰州柯蒂斯（Queensland Curtis）LNG项目的部分权益，2014年12月柯蒂斯第一船液化天然气（6万吨）外输中国液化天然气接收站。中国石化参股柯蒂斯岛上APLNG（澳大利亚太平洋LNG）运输项目，并与APLNG签订了20年的LNG购买协议。中国石油下属寰球工程公司认购澳大利亚LNG有限公司已发行普通股19.9%，成为其最大股东，通过此次入股中国石油下属寰球工程公司成为格拉德斯通（Gladstone）地区Fisherman Landing LNG项目EPC（工程总承包）承包商，获得OSMR天然气液化技术优先使用权。

第三节　新能源布局行为

一、全球一体化公司（IOC）在新能源领域布局最为活跃

2013—2017年，发展新能源业务成为很多公司的战略调整方向，但大部分公司的新能源业务还在探索阶段，其中在新能源领域投资最为活跃的是英国石油和道达尔（图4-18）。

1. 英国石油在生物质燃料和风能领域进行了大量投资，同时于2017年底重新涉足光伏领域（图4-18）。英国石油长期致力于发展生物质燃料，在巴西的生物乙醇工厂产能不断提升，同时积极通过风险投资的方式布局生物质燃料技术创新；风电方面，英国石油主要资产集中在美国地区，在美国直接运营14个风场，是美国重要的风电运营商之一。油价回升后，英国石油规划进一步扩展

风电业务，如与特斯拉合作开展风电场电池储能项目；2017年底，英国石油获得光伏公司Light Source公司43%股权，标志着英国石油再次进入光伏领域的新能源业务发展方向。

2. 道达尔在新能源领域的发展更为领先，通过并购、风投等多种方式强化光伏、储能等新能源业务板块（图4–18）。道达尔在2011年收购Sun Power公司60%股权，全面开展进军光伏领域后，2016年又收购法国储能技术公司帅福得（Saft），从而成为“光伏+储能”一体化解决方案供应商。2017年，道达尔综合光伏建造、运营、维护经验筹备建立道达尔太阳能公司，进一步“加码”光伏业务。

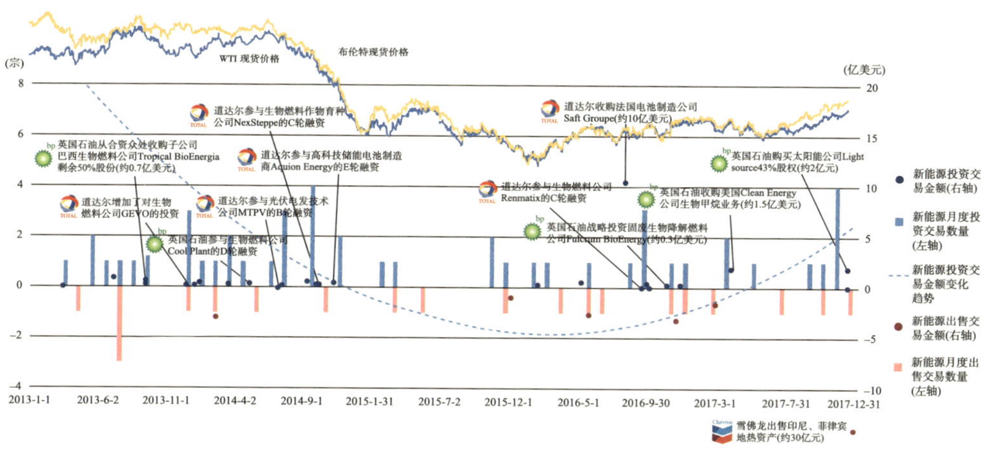

图4–18 新能源投资、出售数量与金额分布

数据来源：BVD—ZEPHYR全球并购交易分析库、公司公开信息整理

二、光伏与清洁交通获得较多关注

2013—2017年，积极发展新能源业务的部分公司，对光伏产业关注较多，而道达尔则以“清洁交通”为核心，布局储能、电动汽车、能效管理多个新能源应用领域（图4-19）。

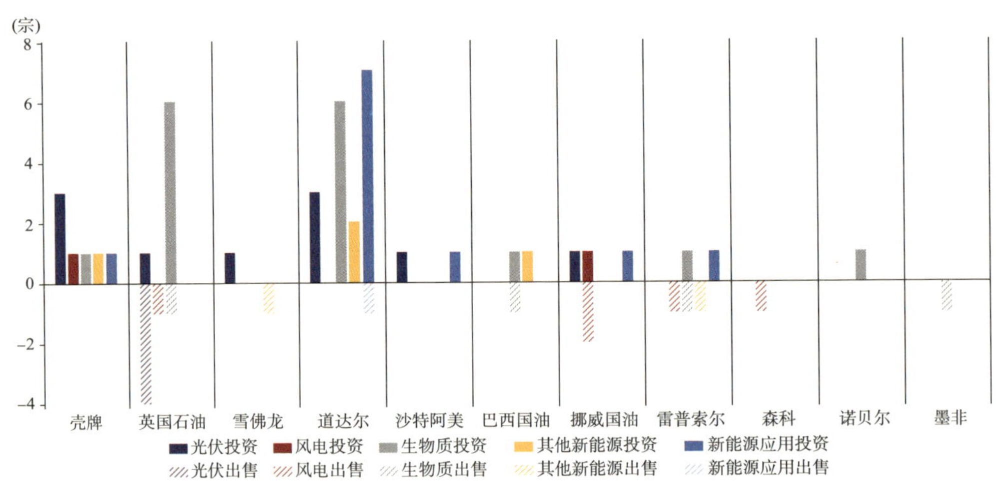

图4-19 新能源投资与出售数量：光伏、风电、生物质、其他新能源、新能源应用

注：其他新能源包括潮汐、地热、水电、氢能；新能源应用包括储能、电动汽车和能效管理。
数据来源：BVD—ZEPHYR全球并购交易分析库、公司公开信息整理

三、为支撑新能源业务发展组织构架做出相应调整

部分公司将天然气和电力业务重组，或将新能源板块独立，在组织架构上进行了配套改革，以推进新能源和天然气等清洁能源业务的发展。如道达尔在2016年将新能源与天然气业务整合，成立了继勘探开发、炼化和销售之后的第

四个核心业务部门，即天然气、可再生能源和电力事业部（GRP）。同年，壳牌也将新能源与天然气一体化业务整合，成立了天然气一体化和新能源业务板块，在发展天然气一体化业务的同时，发展生物燃料、氢能、风能、太阳能等业务；英国石油将新能源业务板块独立，并在公司内部专门成立英国石油风险投资部（BP Venture），专门用于投资处于早期开发的能源技术。挪威国油将新能源解决方案业务从原有的营销、加工、新能源部门（MPR）中拆分出来，成立新能源解决方案部门；阿根廷国油将“天然气分布和发电”业务从下游业务中独立出来进行发展；日本国际石油成立“天然气供应和基础设施”部门，加大天然气业务发展力度等。

第四节　技术研发行为

一、技术成为业务发展的重要驱动力量

2013—2017年，样本公司中大多数油气公司研发投入强度均在0.5%左右，远低于资本支出强度（Capex intensity），显示出了较强的资本驱动属性。但值得注意的是，部分独立勘探开发公司（E&P）已处于了“高研发—高资本支出”的区域，具有“技术—资本”双轮驱动的倾向（图4-20）。

在收入、净利润双双走低的情况下，全球一体化公司（IOC）仍保持“技术领先战略”，研发投入强度持续增加（图4-20）。在2014—2016年间油价持续低位震荡，全球一体化公司（IOC）营业收入平均下降50%，净利润平均下降60%以上，英国石油、雪佛龙甚至出现亏损的大背景下，全球一体化公司

（IOC）仍坚决执行“技术领先战略”，研发投入强度持续上升。典型公司如埃克森美孚，2013年研发投入强度为0.47%，2016年上升至0.67%。2017年油价有所回升，埃克森美孚在收入、净利润回升的情况下，研发投入强度继续上升至0.75%，保证“技术领先战略”的有效执行。

此外，英国石油采取“技术跟随战略”，其研发投入着眼于集成、改进和应用技术，而不是“发明创造”。故此英国石油在其收入、净利润下降，并一度亏损的情况下，调整了研发费用，保持研发投入强度在0.19%左右水平。

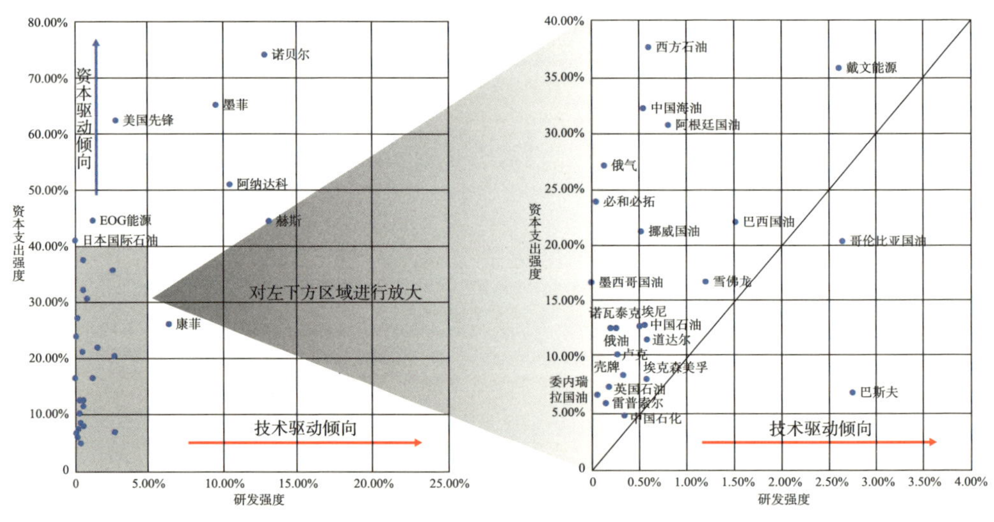

图4-20　2013—2017年5年平均资本支出强度与研发强度

资料来源：公司年报整理计算

二、数字化技术应用受到广泛关注

在进行“内部”研发投资的同时，样本公司也积极通过风险投资的方式发展新兴技术，其中数字化技术最受关注（图4–21）。领先公司如英国石油、雷普索尔已经积极在数字化技术应用上做出尝试。

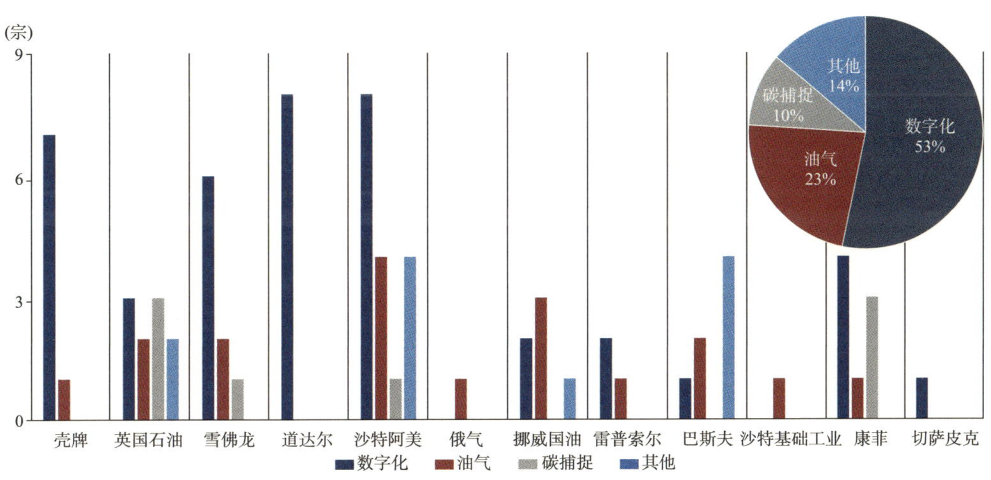

图4–21 新技术投资数量与类型比例

数据来源：BVD—ZEPHYR全球并购交易分析库、企业公开信息整理

“成功的数字化技术应用能够提高石油天然气企业的利润率，改善员工安全状况，并通过减少碳排放和水消耗，为客户节约成本，进而造福社会①。”数字化技术应用方向主要有：资产生命周期的数字化管理，新的数字技术与数字驱动的洞见结合能够转变运营，提高敏捷性和战略决策，并产生新的运营模

① 埃森哲《数字化转型倡议》https://www.accenture.com/cn-zh/insight-dti-oil-gas.

式。具体应用有：自动化运营和机器人，远程作业中心及先进的分析工具和模型等；循环协作式生态系统，采用整合数字化平台能够提高生态系统参与者之间的协作，帮助加速创新，降低成本，并提高运营透明度。具体应用有：区块链技术，智能合约等。

目前领先公司如英国石油、雷普索尔积极进行数字化应用尝试。英国石油通过风险投资的方式与硅谷微重力公司进行合作，开发超级专用传感器，该传感器可置于很深的钻孔中，区分油和水，从而完善油田储藏监测。雷普索尔与IBM协作，将认知计算技术用于上游业务。认知计算技术可以更加流动性地获取更多数据，开展目标分析和模拟，从而降低作业风险，提升油井开发成功率。

本章小结

2013—2017年，全球主要油气公司为应对能源结构转型及油价波动的外部环境变化，都有不同程度的业务结构与区域结构调整，并随之相伴产生了部分组织结构与技术研发倾向的转变。其中，天然气产业链条与新能源业务受到较多重视，回归核心业务与核心区域趋势明显。

全球一体化公司（IOC）积极优化上游资产结构，购买优质资产与剥离非核心资产并举，普遍重视天然气与新能源业务的发展，并进行相应的内部组织调整；在下游，侧重发展化工业务，集中炼油能力，剥离炼油业务非核心资产，转而投资核心业务区域，扩大上游核心资产。

国家石油公司（NOC）积极完善产业链布局，上游依旧以围绕常规油、气藏展开，中游积极扩大与天然气业务相关的电力资产，下游大力发展高附加值的化工业务，并在新能源领域进行业务探索。

区域型公司组成较为复杂，典型如埃尼、挪威国油与全球一体化公司（IOC）行为相近，积极发展天然气与新能源业务；马来西亚国油、泰国国油、雷普索尔等公司全面缩减上下游业务投资；印度石油天然气公司、森科能源等公司根据自身业务发展特点扩充上游或下游资产。

独立勘探开发公司（E&P）受油价波动影响较大，多数公司出于保障良好财务水平，剥离大量海外资产与非核心资产，强化技术投入，将业务重新回归本土（多为美国）优质资产。

中国公司积极布局全球市场，特别关注中南美地区深水、亚太地区液化天然气与非洲&中东地区常规油气藏等战略资源。

PART 5

第五章

国际石油公司的战略绩效分析

样本公司的产业链结构调整、区域布局优化与新能源业务布局在业务板块绩效、区域业务绩效和财务绩效三方面都有所表现，并间接影响组织绩效和研发绩效。

第一节　业务板块绩效分析

一、上游业绩变化趋势

（一）油气总储量略有下降，总产量平稳增长

1. 样本公司总储量占全球总储量比例在2016年之后略有下降（图5-1）。样本公司总储量占全球总储量比例在2013—2015年间由59.6%上升至60.3%，2016年开始下降，截至2017年下降至59.4%（表5-1）。

全球一体化公司（IOC）总储量逐年下降，2017年有所回升。全球一体化公司（IOC）受到油价大幅下跌影响，大幅削减上游资金支出，并主动调整资源结构和资源布局，导致2014—2016年连续三年全球一体化公司（IOC）总储量出现下滑，且减少量逐年递增。2013年，全球一体化公司（IOC）的总储量

为78959百万桶油当量，2014—2016年分别减少了1375百万桶油当量、2037百万桶油当量和2751百万桶油当量，直至2017年总储量小幅回升至74124百万桶油当量，但仍低于2013年水平。相应的，全球一体化公司（IOC）的储量占比由2013年的2.8%下降至2017年的2.5%。

表5-1　2013—2017年全球和样本公司总储量变化

单位：百万桶油当量

年份	2013年	2014年	2015年	2016年	2017年
IOC	78959.17	77584.17	75547.67	72797.00	74123.50
NOC	1464983.02	1478034.53	1473838.53	1470997.38	1472107.58
区域型	64529.42	66261.39	67387.32	68129.75	68684.79
E&P	49332.72	49589.07	44601.07	42686.41	47202.95
中国公司	53364.99	56177.16	60925.67	59615.83	67070.00
全球储量	2870586.86	2883897.55	2857737.53	2880219.57	2912700.88

数据来源：美国《石油情报周刊》、公司年报、BP世界能源展望整理

国家石油公司（NOC）总储量在低油价时期呈下降趋势。2014年欧佩克成员国国家石油公司（NOC）在油价下跌背景下，坚持不减产政策，将保证市场份额作为首要目标，加大产量的同时，为稳定运营资金，削减部分勘探开发投入。导致2014—2016年，国家石油公司（NOC）总储量减少7037百万桶油当量，2017年，在减产协议达成与上游资金支出增加的共同作用下，总储量与2016年相比有所回升，增加1110百万桶油当量。

区域型公司组成较为复杂，与其他类型石油公司不同，油价下跌后，由于部分区域公司进行了重要资产购置或勘探开发取得阶段性成果，区域型公司总储量不降反增。2015年，区域型公司总储量67427百万桶油当量，与2014年相

比增加了1117百万桶油当量，储量增长主要来源于马来西亚国油对沙捞越地区（Negeri Sarawak）勘探开发取得的阶段性成果，当年储量增加1385百万桶油当量，以及雷普索尔对加拿大石油公司塔利斯曼的收购，当年储量增加817百万桶油当量；2016年，区域型公司总储量与上年相比，增加了703百万桶油当量，主要是由于日本国际石油公司获得阿布扎比ADCO油田5%股权，当年储量增加841百万桶油当量，以及森科能源并购加拿大油砂公司（Canadian Oil Sands），当年储量增加372百万桶油当量。

独立勘探开发公司（E&P）2015与2016年储量下降显著，2017年有所好转。与2014年相比，2015与2016年独立勘探开发公司（E&P）储量分别减少了10%和14%。

中国公司得益于海外资产的扩张，如，2014年，中国海油通过海外公司加拿大尼克森从埃克森美孚处获得圭亚那Stabroek区块25%权益；2017年，中国石油以18亿美元从阿布扎比国油处获得阿布扎比ADCO油田8%股权等，储量占比持续增长，从2013年的1.9%增至2017年的2.3%。

2. 样本公司油气总产量占全球产量比例先降后升（图5-2）。2014年，样本公司油气总产量占比下降，从2013年的64.5%降至2014年的63.5%；2015年开始回升，到2017年增至66.1%（表5-2）。

其中，全球一体化公司（IOC）与整体变化趋势相同。2014年之前，受资源国加大产量分成政策因素影响，全球一体化公司（IOC）的油气产量延续下滑趋势。2015年之后全球一体化公司（IOC）推行“稳产增产”策略，2017年之后石油公司对市场信心普遍有所恢复，全球一体化公司（IOC）开始布局新产能，如英国石油计划投产7个油气项目，实现产量增长4%～9%。这些因素综合起来，进一步推动了产量规模的增长，以及在全球产量中的比例上升。

国家石油公司（NOC）油气总产量占比增长趋势明显，由2013年的35.2%增长至2017年的36.4%。2014年油价暴跌，欧佩克国家坚持不减产政策，特别是沙特阿美以保证市场份额为第一目标，进一步扩大产能，2015年产能增长达到高峰，新增油气产量872百万桶油当量，从而带动了国家石油公司（NOC）2015年超过5%的油气产量增长。2016年与2017年由于沙特阿拉伯与俄罗斯减产协议达成等因素影响，国家石油公司（NOC）油气总产量增长保持2%～3%水平。

独立勘探开发公司（E&P）由于剥离海外资源与非核心资产，重新聚焦本土核心资产，产量占比从2013年的6.4%降至2017年的5.9%。

中国公司油气总产量基本保持稳步增长。出于保障国家能源安全的需要，根据既定产量目标，中国公司油气总产量2014年、2015年和2017年分别增长4.9%、3%和10.7%，2016年出现小幅减少，与上年相比下降1.4%。

表5-2　2013—2017年全球和各类样本公司总产量变化

单位：百万桶油当量

年份	2013年	2014年	2015年	2016年	2017年
IOC	5377.17	5250.00	5419.00	5720.83	5903.67
NOC	18582.54	18692.72	19653.01	20100.13	20744.25
区域型	4571.39	4647.53	4931.95	5063.17	5163.98
E&P	3389.53	3491.68	3605.19	3497.82	3283.00
中国公司	2180.16	2257.51	2198.90	2228.52	2583.31
全球产量	52834.12	54063.78	55551.90	55916.85	56966.33

数据来源：美国《石油情报周刊》、公司年报、BP世界世界能源展望整理

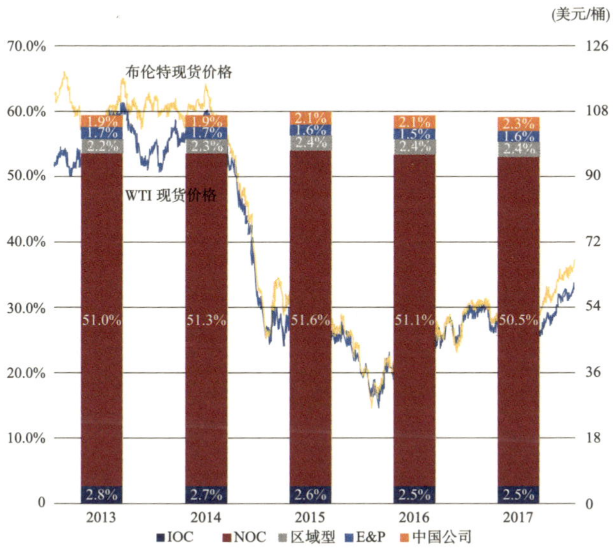

图5-1 油气总储量占比变化趋势

资料来源：美国《石油情报周刊》、公司年报整理、BP世界能源展望

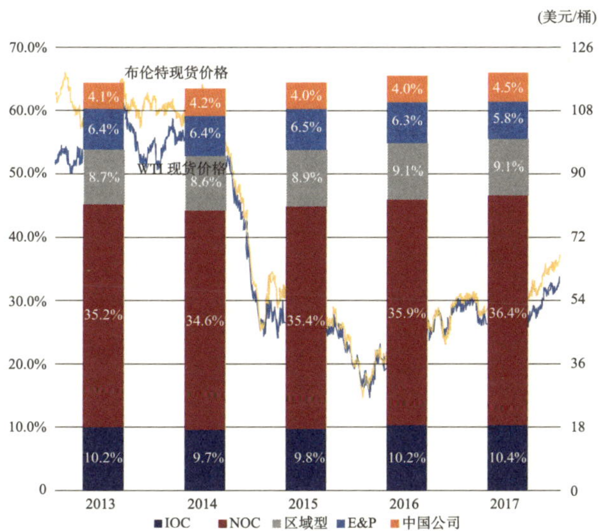

图5-2 油气总产量占比变化趋势

资料来源：美国《石油情报周刊》、公司年报整理、BP世界能源展望

（二）更加重视天然气业务

部分样本公司明显加大了天然气在油气资源结构中的比重，天然气储量、产量在全球天然气储量、产量占比不断提升。

1. 全球一体化公司（IOC）油气资源结构中天然气占比[①]有所增加（图5-3）。其中壳牌与雪佛龙天然气占比增加最为明显，分别从2013年的52%增至2017年的54%，从2013年的38%增至2017年的40%。

2. 阿根廷国油、雷普索尔与埃尼天然气占比增加显著（图5-3）。阿根廷国油天然气占比由2013年的41%上升至2017年的48%；雷普索尔天然气占比由64%上升至67%；埃尼天然气占比由47%上升至50%。

3. 独立勘探开发公司（E&P）天然气占比普遍下降（图5-3）。除墨菲和马拉松天然气占比增加较为显著外，大部分独立勘探开发公司（E&P）天然气占比均有所下滑。美国先锋自然资源从2013年的38%降至2017年的27%；森科从3%降至0；EOG能源从42%降至30%；戴文能源从55%降至42%；西方石油从28%降至24%。综上，2013—2017年北美独立勘探开发公司（E&P）普遍剥离非核心天然气资产，造成上述结果的主要因素包括低油价的冲击和美国亨利交易枢纽（Henry Hub）天然气交易价格的长期低位运行（图2-6）。

① 天然气占比指标，通过统计学方法，综合计算各家公司天然气储量占总储量比例及天然气产量占总产量比例两项数据。

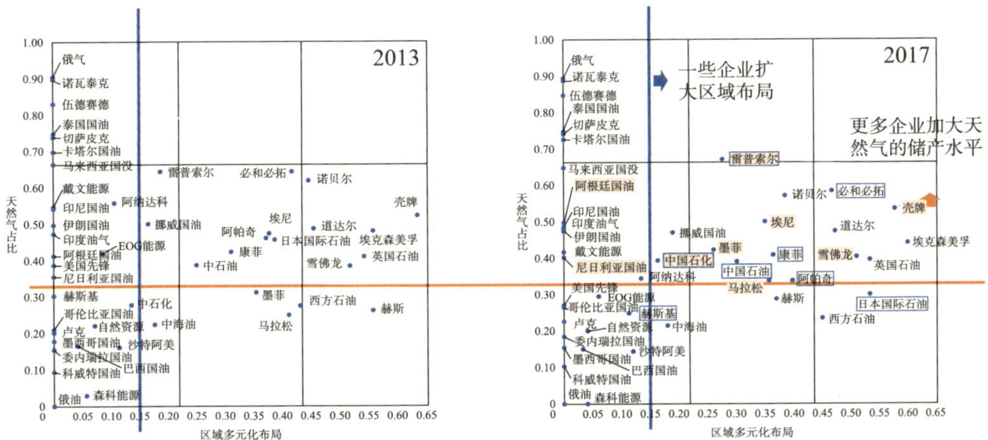

图5-3 2013年与2017年区域布局与资源结构变化

注：1. 天然气占比=（天然气储量占比+天然气产量占比）/2；2. 区域多元化布局是指，企业在全球五大区域的市场布局情况。该指标的计算是综合储量、产量、炼化三个指标维度得出。区域多元化布局指标=［（1-储量区域最大占比）+（1-产量区域最大占比）+（1-炼化区域最大占比）］/3，其中储量区域最大占比=MAX（北美储量占比、中南美储量占比、欧洲储量占比、非洲&中东储量占比、亚太储量占比）；产量区域最大占比=MAX（北美产量占比、中南美产量占比、欧洲产量占比、非洲&中东产量占比、亚太产量占比）；炼化能力区域最大占比=MAX（北美炼化能力占比、中南美炼化能力占比、欧洲炼化能力占比、非洲&中东炼化能力占比、亚太炼化能力占比）。

数据来源：公司年报整理计算

4. 样本公司整体天然气储量占全球天然气储量比例变化较小，国家石油公司（NOC）与中国公司天然气储量占比有所上升（图5-4）。样本公司天然气储量占比中位值在2013—2017年间保持在42%～44%的区间内，变化幅度较小。其中国家石油公司（NOC）和中国公司天然气储量占比呈小幅上升趋势，但仍低于样本公司平均水平。国家石油公司（NOC）中位值由2013年的26.29%上升至2017年的34.42%，中国公司中位值由26.05%上升至36.18%。

5. 样本公司整体天然气产量占全球天然气产量比例有所下滑，但国家石油公司（NOC）、区域型公司和中国公司天然气产量占比逐渐提升（图5-5）。尽管2013—2017年样本公司天然气总产量有所增长，但由于原油产量增速更快，天然气产量占比反倒有所下降，天然气占比中位值由2013年的42.58%下降至2017年的39%。其中国家石油公司（NOC）、区域型公司、中国公司天然气产量占比逐渐提升；独立勘探开发公司（E&P）天然气产量占比下降明显，由2013年的45.24%下降至2017年的35.91%。

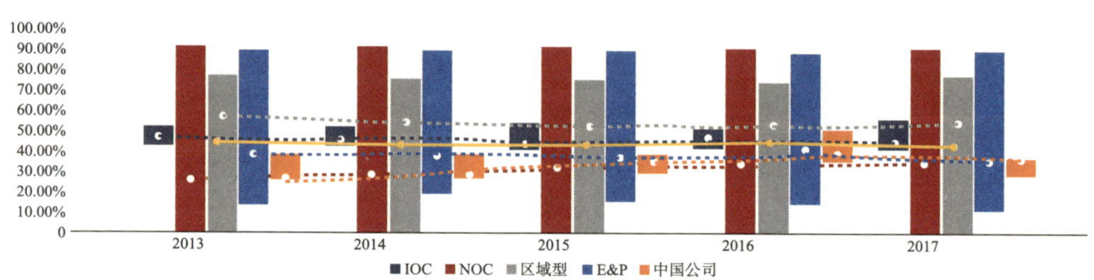

图5-4　天然气储量占比变化趋势

数据来源：公司年报整理

图5-5　天然气产量占比变化趋势

数据来源：公司年报整理

（三）从关注短期效益向重视长期可持续发展转变

储量替代率和储采比是衡量公司可持续发展能力的两个重要指标，2013—2017年两项指标变化幅度较大。

1. 样本公司原油与天然气的储采比呈现随油价下降趋势，2017年略有回调（图5-6、图5-7）。2013—2017年，原油储采中位值由2013年的12.65下降至2016年的10.73，2017年回调至10.99。其中，全球一体化公司（IOC）的变化最为典型，2014年之前储采比呈增长趋势，2014年之后开始随油价下滑，2016年全球一体化公司（IOC）对储采比的水平控制较为一致，集中在10～12左右；2017年埃克森美孚率先加大资源储备，储采比回归至14以上。2013—2017年，天然气储采比中位值由2013年的13.73下降至2016年的10.98，2017年回调至12.07。其中，国家石油公司（NOC）2015年后为满足国内天然气消费需求，加大天然气开采，天然气储采比大幅下降，中位值由2015年的60.31下降至2017年的38.67。产生这一现象的原因，主要是油价低位徘徊时期，石油公司更加关注短期效益，采取谨慎的投资策略，收紧勘探开发支出，调整资产结构，剥离部分非核心油气资产，并确保合理产量，以保证现金流稳定，导致储采比呈明显下滑趋势。油价回暖之后，样本公司从长期可持续发展角度出发，积极解决采储比下滑问题，通过收并购优质储量资产等方式提升储量，储采比呈现回升态势。

2. 与储采比变化趋势相似，储量替代率随油价变化呈现先降后升趋势（图5-8）。油价下跌，样本公司中大多数选择了更为谨慎的投资及勘探开发策略，整体储量降低，储量替代率呈现明显下降趋势，中位值从2014年的1.09降至2015年的0.75，之后随着油价逐渐回升，储量替代率中位值从2016年的0.87回升至2017年的1.36。与其他公司相比，全球一体化公司（IOC）和中国公司调整迅速，较快地回归了理想区间（大于1，新增储量大于消耗储量）。全球一体化公司（IOC）储量替代率中位值于2017年达到1.47，中国公司储量替代率中位值于2017年达到3.41。

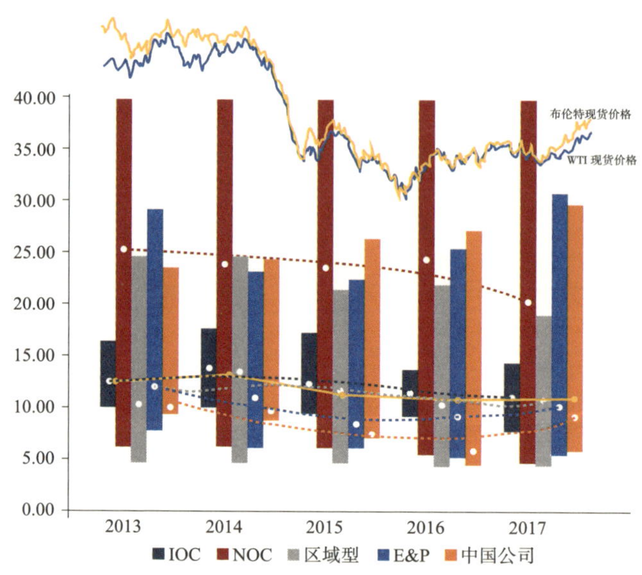

图5-6 原油储采比变化趋势

注：左坐标轴上限为40，NOC最大值超过200，未在圈中进行展示。2013—2017年最大值分别为277.1、289.7、294.2、322.1、329.8。

数据来源：公司年报整理

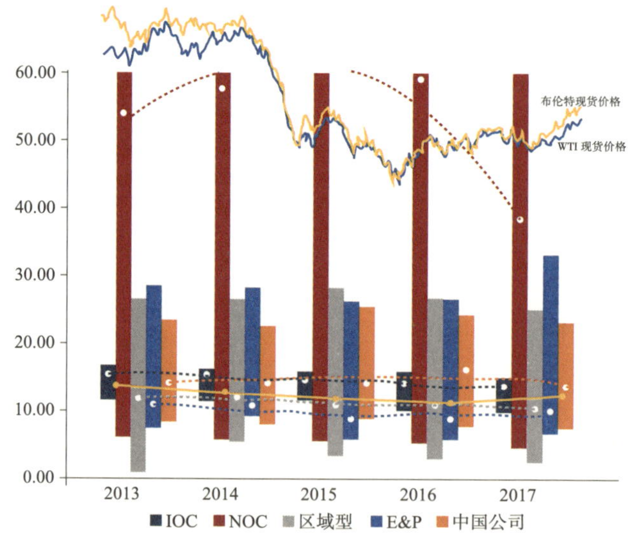

图5-7 天然气储采比变化趋势

注：左坐标轴上限为60，NOC最大值。2015年中位值超过100，未在圈中进行展示。2013—2017年最大值分别为：203.0、197.1、176.7、165.5、152.6，2015年中位值为：75.8。

数据来源：公司年报整理

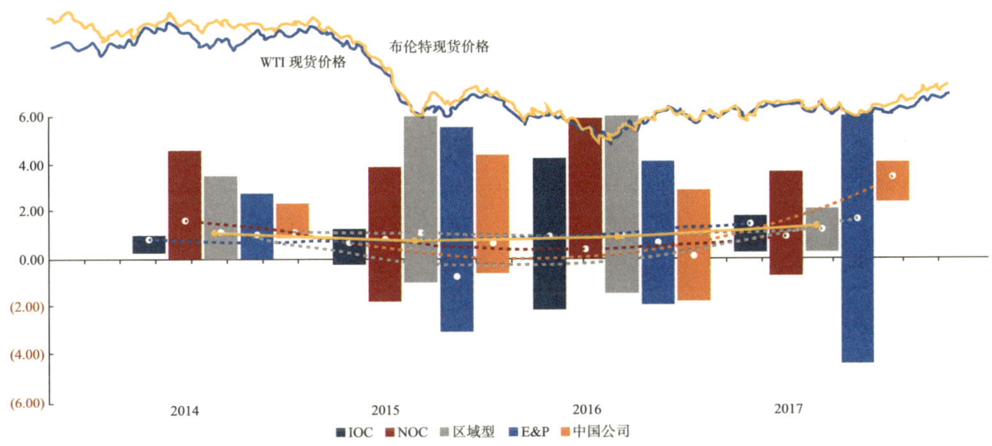

图5-8 储量替代率变化趋势

数据来源：公司年报整理

（四）生产成本明显下降

样本公司桶油完全成本和提油成本均呈快速下降趋势（图5-9、4-10）。油价下跌倒逼油气公司降本增效，通过提高效率、降低供应链成本等手段，结合数字化及油气相关技术的应用与创新，样本公司整体桶油完全成本和提油成本快速下降。

桶油完全成本中位值自2013年的37.93美元/桶油当量下降至2017年的27.8美元/桶油当量。其中2015年北美页岩气开采受到环保政策要求提高的影响，独立勘探开发公司（E&P）桶油完全成本出现大幅上升，中位值达到52.28美元/桶油当量；但在技术变革的推动下，成本继续下降，至2017年降至27.69美元/桶油当量。

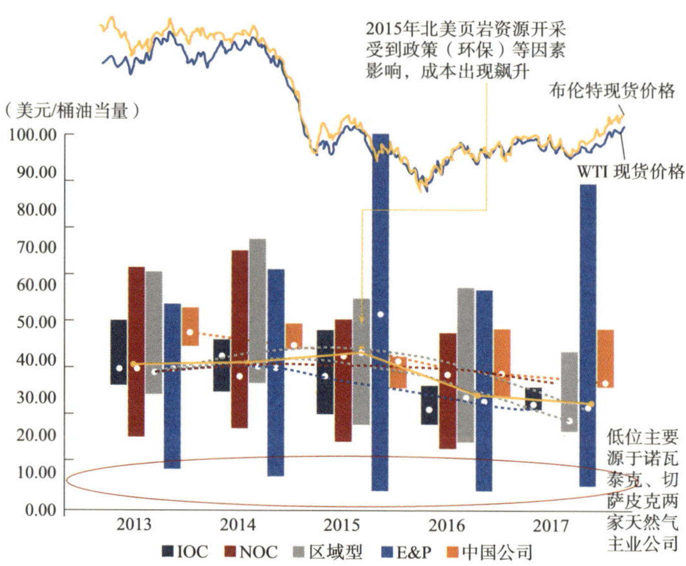

图5-9 桶油完全成本变化趋势

注：本部分NOC数据不含中东国家数据，中国公司数据采用“有限公司”数据。计算公式为：（勘探费+操作费+其他税项+折旧折耗及摊销）/当年总油气产量当量。

数据来源：公司年报整理

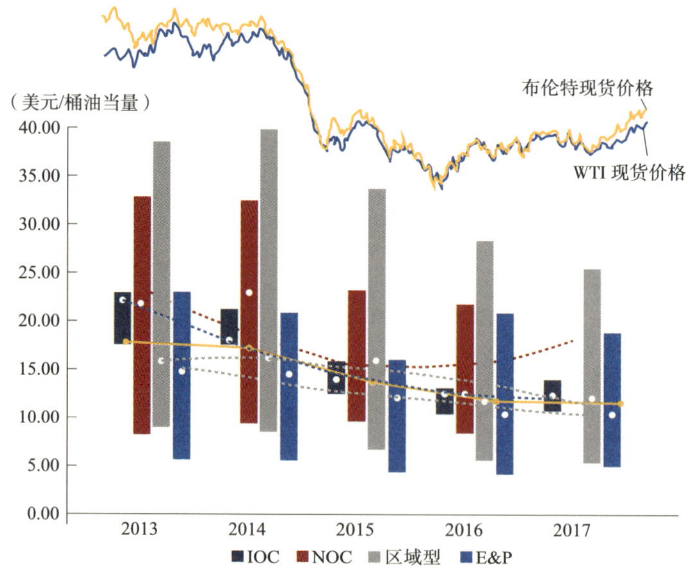

图5-10 提油成本变化趋势

数据来源：公司年报整理、IHS数据

提油成本中位值自2013年的17.78美元/桶油当量下降至2016年的11.68美元/桶油当量，以及2017年的11.52美元/桶油当量。2016—2017年提油成本基本维持稳定。油价低迷时期，石油公司倾向于选择低成本井口进行开发生产，这在一定程度上会拉低提油成本水平。通过数据分析发现，2017年油价回暖后，一些石油公司的提油成本出现反弹迹象，如巴西国油2017年提油成本为19.76美元/桶油当量，2016年最低值为15.61美元/桶油当量；也有一些企业继续保持成本降低，如挪威国油2017年提油成本为5.35美元/桶油当量，同比下降3%。持续关注提油成本的变动趋势尤为重要。对比中位值水平，全球一体化公司（IOC）和部分国家石油公司（NOC）的提油成本优于行业水平，这与其拥有优质资源（包括天然气资源）和先进技术密切相关。

二、中游业绩变化趋势

样本公司中游布局相对较少，业绩表现不足以覆盖中游行业整体业绩变化特点，但基于样本公司中游业绩，也体现出一些明显的变化趋势。

（一）天然气发电正成为部分样本公司的重要业务发展方向

部分样本公司对天然气发电业务表现出了积极的态度（图5-11）。

1. 全球一体化公司（IOC）正在积极布局天然气发电业务。全球一体化公司（IOC）中，如壳牌收购英国天然气集团后，将天然气一体化业务与新能源业务合并，成立“天然气一体化及新能源事业部”，开始全面布局投资新能源领域，包括清洁燃料、可再生能源和天然气发电。道达尔自2016年提出转型为综合能源公司，计划第一步成为全球领先的天然气公司，第二步将成为盈利能力良好的天然气发电公司。

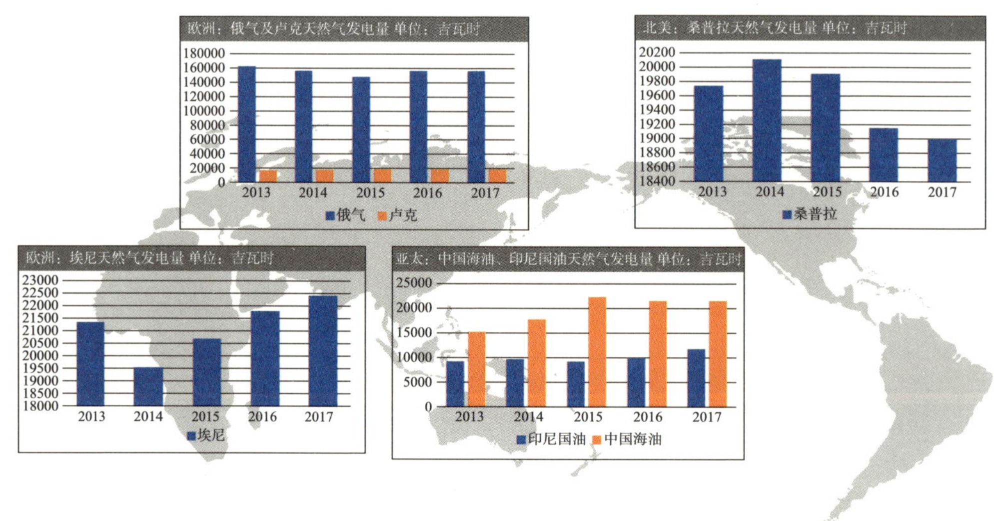

图5-11 燃气发电量变化趋势

数据来源：公司年报整理

2. 国家石油公司（NOC）在国家政策主导下发展天然气发电业务。以俄气为典型代表，在俄罗斯政策主导下发展天然气业务，燃气发电量在2013—2017年间保持在150000 ~ 160000吉瓦时的区间。

3. 区域型公司中，埃尼在欧洲布局天然气业务。经过2013年调整后，随欧洲对燃气发电的重视，发电量逐年增加，由2014年的19500吉瓦时上升至2017年的22000吉瓦时；桑普拉为北美地区燃气发电公司，受特朗普上台后一系列能源政策影响，发电量呈下降趋势。

4. 中国公司中，中国海油在中国不断提高环保要求的政策影响下，积极发展天然气发电业务，天然气发电量保持稳定提升，由2013年的15200吉瓦时提升至2017年的21300吉瓦时，涨幅40%。

（二）全球一体化公司（IOC）与中国公司重塑液化天然气（LNG）贸易格局

液化天然气（LNG）贸易方面，样本公司积极调整液化天然气（LNG）业务布局。

1. 全球一体化公司（IOC）正在成为液化天然气（LNG）贸易市场“主要玩家”。壳牌完成对英国天然气集团收购后，成为全球最大的液化天然气供应商，天然气液化总能力一举超过其他同类大型油气公司，年产增加到3900万吨。随着液化天然气项目不断投产后，壳牌将从21个项目采购液化天然气资源，向23家交易对象销售液化天然气资源，业务遍布全球。道达尔收购法国燃气苏伊士集团（Engie）的液化天然气资产，旨在扩张其全球液化天然气业务，成为仅落后于壳牌的全球第二大液化天然气供应商。此外，全球一体化公司（IOC）加强在澳大利亚液化天然气布局，如雪佛龙、壳牌、埃克森美孚共同布局澳大利亚高更（Gorgon）液化天然气项目。

2. 卡塔尔国油持续提升液化天然气贸易市场竞争力。近几年供过于求的市场使供应商之间的竞争加剧，为了降低成本和提高效率，2016年12月卡塔尔国油宣布将合并原卡塔尔液化天然气公司（原QatarGas）和拉斯拉凡天然气公司（RasGas），合并后的新公司为卡塔尔液化天然气公司（QatarGas），拥有卡塔尔的15条天然气液化线70%所有权，运营产能达7700万吨/年，具备与壳牌、道达尔等全球一体化公司（IOC）在全球液化天然气贸易市场同台竞争的实力。

3. 中国公司液化天然气进口量不断扩大的同时积极布局液化天然气生产。中国海油2017年液化天然气进口量超过2000万吨，较2013年进口量1300万吨，增长54%。中国石化2017年液化天然气进口达565万吨，较2013年155万吨，增长264%。在进口量不断扩大的同时，中国公司积极布局澳大利亚液化天然气生产项目，中国海油布局澳大利亚柯蒂斯液化天然气项目，中国石化参股APLNG项目。

（三）俄罗斯与中国天然气管网建设不断完善

在管道天然气方面，由俄气主导的俄罗斯北溪—2管道（Nord Stream 2）（将俄罗斯天然气经由波罗的海输往德国，再由德国国内管道输往欧洲其他国家）仍在协商中。中亚天然气管道、中俄天然气管道已进入实质性阶段，建设完成后，将为中国每年输送约1230亿立方米管道气。

三、下游业绩变化趋势

（一）下游炼化能力和原油加工量总体保持稳定

1. 总体炼化能力保持稳定（图5-12）。2013—2017年，全球总炼化能力由2013年的95149千桶/天增长至2017年的98139千桶/天，小幅增长3%。2013—2017年，样本公司历年总体炼化能力全球占比保持在53%～54%的水平。

2. 全球一体化公司（IOC）、国家石油公司（NOC）原油加工量小幅下降（图5-13）。全球一体化公司（IOC）因剥离下游炼油资产，原油加工量相应呈下降趋势；2015—2017年内，国家石油公司（NOC）部分炼厂分批次进入检修期，原油炼厂停车检修导致原油加工量有所下降。区域型公司、中国公司原油加工量小幅上涨。

图5-12 炼化能力占比变化趋势

数据来源：美国《石油情报周刊》、公司年报整理、BP世界能源展望

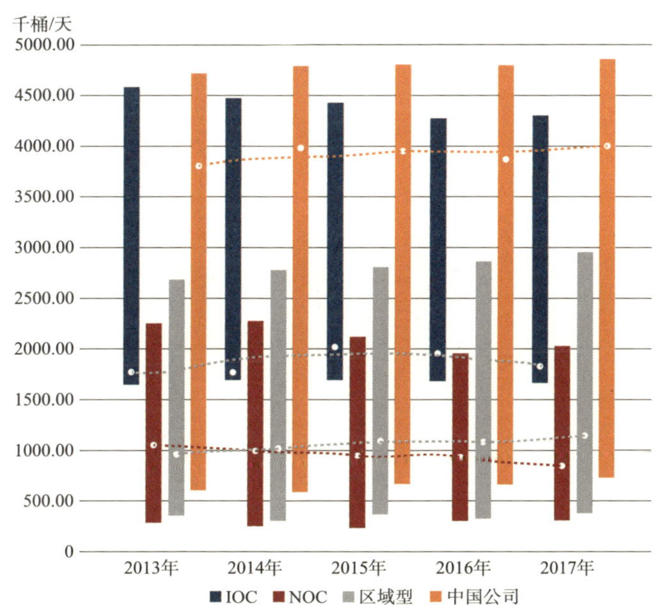

图5-13 原油加工量变化趋势

数据来源：美国《石油情报周刊》、公司年报整理

（二）油品销量和石化产品销量保持平稳

油品、石化产品销售量保持平稳（图5–14、4–15）。整体上看，在全球能源消费需求平稳增长的背景下，样本公司油品销售、石化产品销售业务平稳发展。其中，国家石油公司（NOC）与中国公司作为国家油品销售的主要企业，在低油价下油品价格相应下调，汽车保有量持续增长，油品新零售模式加快油品消纳等利好因素的推动下，油品销售量呈上涨趋势。如中国海油在2013—2017年内，持续加大油品零售网点的布局，油品销售量增长趋势最为明显。此外全球一体化公司（IOC）同样在上述利好因素的推动下，油品销售量实现一定增长。

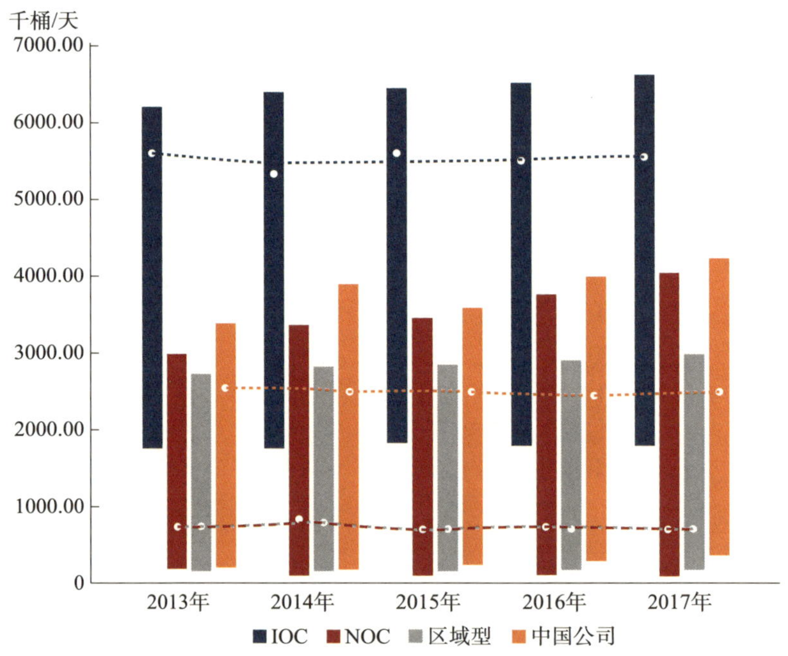

图5–14　油品销售量变化趋势

数据来源：公司年报整理

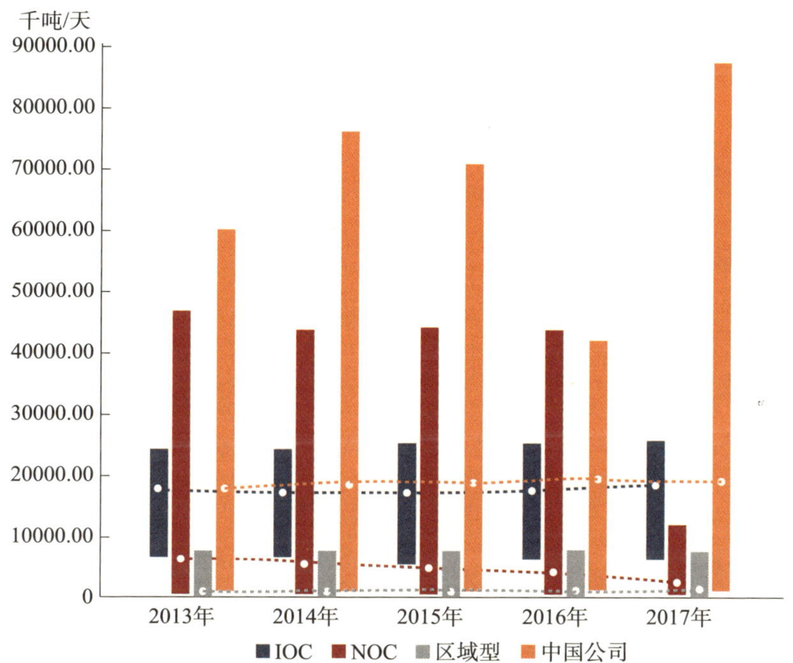

图5-15 石化产品销量变化趋势

数据来源：公司年报整理

在石化产品方面，乙烯、合成树脂（聚烯烃）等化工原料在样本公司的石化产品销量中占比30%以上。其他产品如合成橡胶、对苯二甲酸、乙二醇、合成纤维（涤纶、腈纶）、化肥等产品占比均在5%～10%的范围内。2013—2017年，样本公司乙烯、合成树脂（聚烯烃）产量、产能持续扩大。如中国石化2013年乙烯产量998万吨、合成树脂（聚烯烃）产量1413万吨，到2017年分别增至1161万吨，1621万吨。沙特阿美2015年乙烯权益产能达76万吨/年，到2016年增至168.2万吨/年。

（三）下游桶油利润整体呈增长趋势

1. 下游桶油利润整体呈增长趋势（图5–16）。通过综合计算各公司下游利润及当年原油加工量，对下游桶油利润进行估算。炼油业的低成本带来的行业利润率的提升，样本公司整体桶油利润呈增长趋势，中位值由2013年的3美元/桶增长至2017年的5.8美元/桶。

2. 全球一体化公司（IOC）下游桶油利润显著增长（图5–17）。油价下跌为上下游一体化发展的全球一体化公司（IOC）下游炼油业务带来了更低的成本，同时全球一体化公司（IOC）优化下游资产结构，剥离低效炼油产能，提高炼油集中化程度，使下游炼油业务的盈利能力明显提升。在2015年时全球一体化公司（IOC）下游桶油利润增长明显，如壳牌2015年下游桶油利润达到9美元/桶，雪佛龙2015年下游桶油利润达到12美元/桶。

图5–16　桶油利润变化趋势

数据来源：公司年报整理

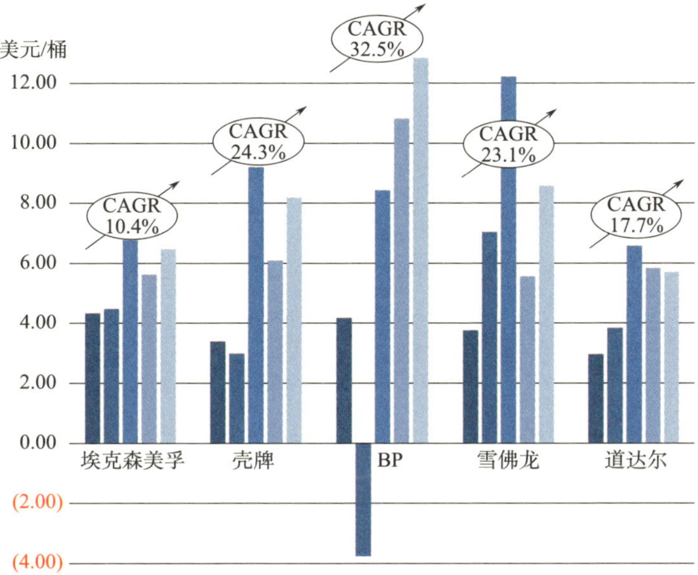

图5-17 IOC桶油利润变化趋势

注：CAGR为复合年均增长率。
数据来源：公司年报整理

（四）下游零售业务调整差异较大，全球一体化公司（IOC）向油品批发商转型

1. 全球一体化公司（IOC）剥离自有零售资产，通过“品牌”加盟的方式进行扩展，专注油品批发业务转型。全球一体化公司（IOC）中除雪佛龙外，加油站规模呈现增长趋势，其中壳牌加油站规模超过40000个。但在总体加油站规模增长的背后是全球一体化公司（IOC）不断剥离自有加油站，通过“品牌”加盟的方式扩展加油站数量，典型企业如埃克森美孚2013年加油站总体规模为19554家，自有加油站占比25%，2017年总体加油站规模达20962家，自有加油站占比12%；雪佛龙剥离加拿大下游业务，其中包括零售资产，加油站规模下跌14%。

2. 其他类型公司根据市场需求，动态调整加油站数量（图5-18）。其中，国家石油公司（NOC）根据各国经济发展需要普遍持续扩大下游加油站规模；区域型公司中，埃尼为应对欧洲地区油品零售市场长期供大于求，下游零售业务利润下降的局面，大幅削减下游加油站规模，2017年加油站数量较2013年规模下降15%；中国公司加油站规模稳步增长。其中中国海油加大下游零售业务布局趋势明显，从2013年445座增长至2017年1166座。

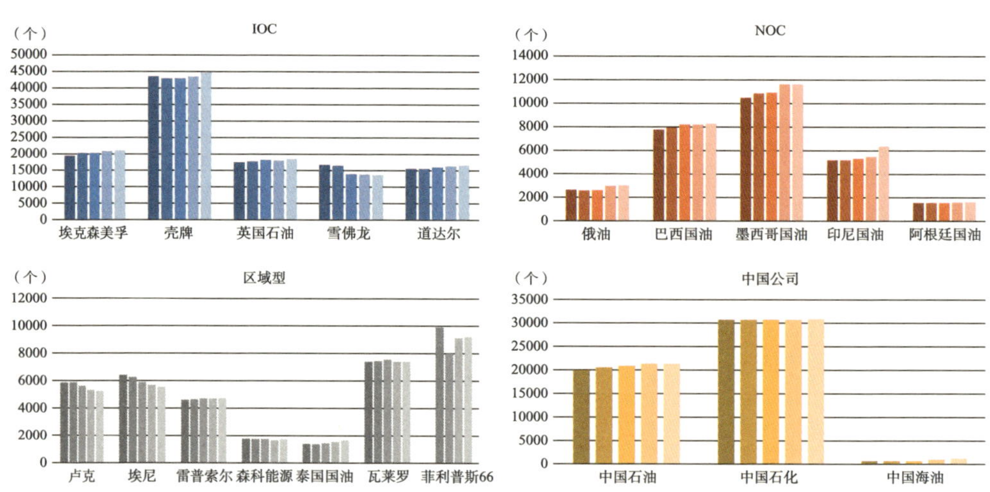

图5-18　加油站数量变化趋势

第二节　区域业务绩效分析

一、区域布局变化趋势

1. 全球一体化公司（IOC）保持全球布局（图5-19）。2017年与2013年相比，全球一体化公司（IOC）区域多元化布局变化不大，其中壳牌收购英国天然气公司后，进行资产结构优化，剥离部分地区资产，区域多元化水平有下降，指标从0.63降至0.58。[①]

2. 国家石油公司（NOC）依旧以本土发展为主（图5–19）。2013年与2017年国家石油公司（NOC）除沙特阿美外，区域多元化布局指标普遍在0～0.05之间，沙特阿美在0.1～0.15之间，并未出现明显变化。

3. 区域型公司中，雷普索尔的区域布局扩大较为明显（图5–19）。区域型公司中较为领先的公司如雷普索尔、挪威国油、埃尼等公司区域布局较为多元，其中雷普索尔的区域布局扩大较为明显，区域多元化布局指标由2013年的0.19扩大到0.28，主要是由于收购加拿大石油公司塔利斯曼所致。

4. 中国公司区域布局日趋多元（图5–19）。中国石油区域多元化布局指标由2013年的0.25上升至2017年的0.3，中国石化由0.13上升到0.16，中国海油由0.17上升至0.18。

二、油气储量区域变化趋势

2013—2017年，全球五大地区储量结构中，北美地区储量结构变化最为显著，市场集中度出现下滑，更多企业进入北美市场竞争；欧洲地区和亚太地区不同企业的储量结构占比有所调整；中南美和非洲&中东地区的储量和结构基本没有变化（图5–19）。全球一体化公司（IOC）在各地区的储量占比均有不同程度下滑。在国家石油公司加大本土资源控制力度的背景下，全球一体化公

① 区域多元化布局指标，该数值介于0～1之间，数值越大表明公司区域布局越为多元化，反之则区域布局相对单一。

司（IOC）获取资源的难度日益加大。

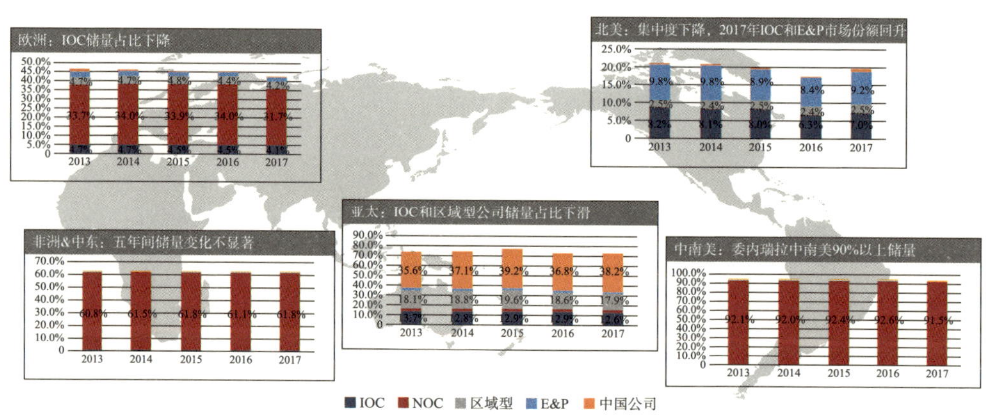

图5-19　分地区储量占比变化趋势

数据来源：公司年报整理

1. 北美地区储量集中度先降后升（表5-3）。北美市场储量集中度在17%～21%之间，是五个地区市场中参与者最多、竞争最强的市场。2013—2017年，样本公司在北美地区的储量占比出现了先降后升的变化特点。储量集中度的下降，与北美非常规油气发展对市场吸引力增强有关，更多企业开始转向北美市场争取油气资源；2017年，美国本土企业开始强势回归，控制本国油气资源，北美储量集中度出现显著回升。

在各类石油公司的北美布局中，全球一体化公司（IOC）和独立勘探开发公司（E&P）的储量调整幅度较为显著。2015年之后，全球一体化公司（IOC）中壳牌和英国石油剥离北美资产，五年间复合降幅分别12.6%和5%。主要是由于壳牌已将资金和资产向天然气业务转移；而英国石油则在分析期面临巨额赔付事件，被迫调整资产。同时，由于北美页岩资源开发周期短，资金回收快的特点受到埃克森美孚、雪佛龙等全球一体化公司（IOC）的关注，在特朗普政府“重振美国能源行业”政策的进一步推动下，以埃克森美孚和雪佛龙为代表的美国全球一体化公司（IOC）在2017年显著加大了北美储量水平，强势回归本土（图5–20）。

表5–3 2013—2017年各类样本公司北美地区总储量及占比变化

单位：百万桶油当量

年份	2013年	2014年	2015年	2016年	2017年
IOC	24208.67	24648.83	22948.67	18129.00	20010.67
NOC	0.00	0.00	0.00	0.00	0.00
区域型	7445.58	7398.31	7259.04	7048.91	7219.71
E&P	29002.42	29868.27	25558.28	24111.29	26264.66
中国公司	1036.00	1096.10	1120.00	619.10	1260.60
北美储量	294504.00	305289.16	287966.90	287966.90	285685.21

数据来源：公司年报、IHS、BP 世界能源展望整理

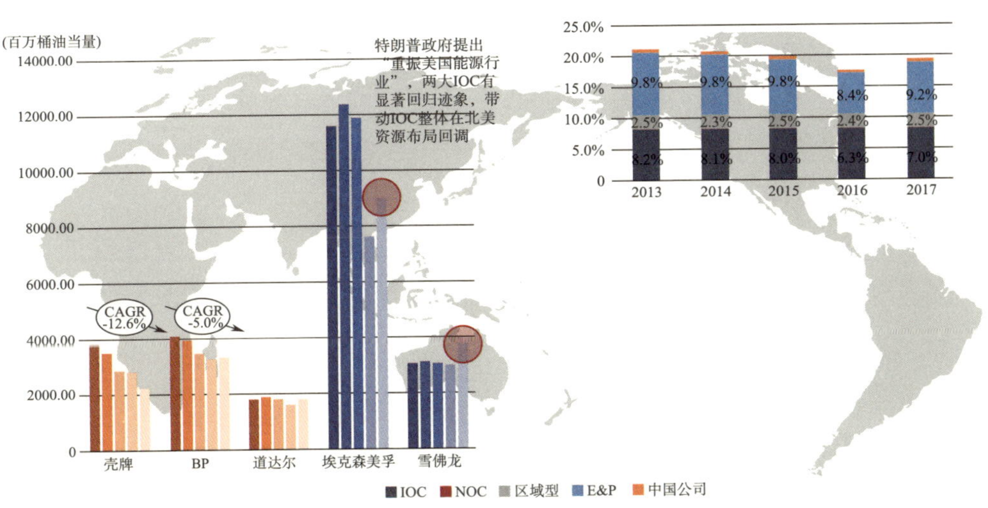

图5–20 全球一体化公司北美储量变化趋势

注：CAGR为复合年均增长率。

数据来源：公司年报整理

2. 中南美地区储量资源基本控制在资源国手中，中国公司2017年加大了中南美地区资源储备（表5-4）。从数据可见，中南美地区的油气储量90%以上都掌握在本地资源国手中，且主要是委内瑞拉国油公司。2017年，中国石油、中国石化及中国海油在巴西分公司分别参与巴西政府新一轮“盐下层石油区块”招标并悉数中标，加大了当地资源储备。

表5-4　2013—2017年各类样本公司中南美地区总储量及占比变化

单位：百万桶油当量

年份	2013年	2014年	2015年	2016年	2017年
IOC	1718.83	1586.33	1467.50	2445.83	2274.33
NOC	360302.70	361312.25	357234.44	356555.45	357228.23
区域型	2270.79	2277.00	2496.17	2493.80	2360.43
E&P	270.37	165.44	134.01	119.66	137.13
中国公司	1.70	1.80	1.60	1.50	79.70
中南美储量	391169.72	392586.52	386766.26	385105.72	390217.73

数据来源：公司年报、IHS 数据库、BP 世界能源展望整理

3. 欧洲地区储量资源相对保持平稳，全球一体化公司（IOC）储量占比略有下滑（表5-5）。2013—2017年，样本公司在欧洲的储量份额在42%～46%之间，其中，俄油、俄气两家国家石油公司（NOC）在欧洲市场占据了1/3的储量份额。分析期内，欧洲市场储量规模整体平稳，2017年有所增长；但全球一体化公司（IOC）储量水平变化不显著，市场行为以资源结构调整为主，相应市场占比出现下滑。中国公司中，中国石化参与俄罗斯区块权益，在欧洲市场实现储量规模扩张。

表5-5 2013—2017年各类样本公司欧洲地区总储量及占比变化

单位：百万桶油当量

年份	2013年	2014年	2015年	2016年	2017年
IOC	24223.93	23923.23	22889.32	23255.55	22479.73
NOC	173590.60	174575.20	173846.30	175905.60	174118.40
区域型	24165.47	24343.44	23420.71	22823.15	22800.01
E&P	13453.96	13323.17	13204.97	13054.59	15065.94
中国公司	653.29	589.08	587.76	528.16	865.21
欧洲储量	514877.25	512964.06	512191.80	518099.49	548572.35

数据来源：公司年报、IHS、BP世界能源展望整理

4. 非洲&中东地区储量资源集中度较高，其他类型石油公司积极参与资源发现（表5-6）。从数据可见，非洲&中东地区储量的市场集中度也较高，样本公司中5家当地国家石油公司（NOC）即占据了60%左右的储量规模。其他类型石油公司也在积极参与当地油气资源发现。在战略行为分析中可见，埃尼、英国石油、中国石化等为代表的不同类型石油公司，在当地重大资源发现中积极布局，加大市场份额。

表5-6 2013—2017年各类样本公司非洲&中东地区总储量及占比变化

单位：百万桶油当量

年份	2013年	2014年	2015年	2016年	2017年
IOC	8950.73	8729.18	8833.10	8481.95	7924.27
NOC	927543.73	938197.08	938860.79	935651.33	938318.94
区域型	4438.58	4764.10	4675.34	6201.99	6038.49
E&P	3169.74	2850.37	2672.63	2655.63	3080.14
中国公司	155.40	142.50	166.60	138.00	136.90
非洲&中东储量	1525435.16	1526742.34	1520285.88	1530360.58	1518744.48

数据来源：公司年报、IHS、BP世界能源展望整理

5. 亚太地区储量资源连年稳步增长，中国三桶油储量稳居36%以上，独立勘探开发公司（E&P）有调整退出之势（表5-7）。从数据可见，在油价波动环境下，亚太地区是唯一一个储量保持持续增长的地区。2013年，亚太地区总储量为144601百万桶油当量；2017年升至169481百万桶油当量，五年间整体增长率为17%，是五个地区储量规模增长最快的。其中，中国石油、中国石化和中国海油三家公司的储量平稳增长起到了关键作用。

相比之下，全球一体化公司（IOC）在亚太地区的储量规模虽有小幅增加，但储量占比出现下滑。其中，埃克森美孚和壳牌公司在亚太地区的资源布局，相对聚焦澳大利亚天然气资源。而以北美独立石油公司为主的独立勘探开发公司（E&P）储量规模连年下调，呈现退出之势，向美国本土回归转移。

表5-7　2013—2017年各类石油公司亚太地区总储量及占比变化

单位：百万桶油当量

年份	2013年	2014年	2015年	2016年	2017年
IOC	19857.00	18696.58	19409.08	20484.67	21434.50
NOC	3546.00	3950.00	3897.00	2885.00	2442.00
区域型	26209.00	27478.54	29536.05	29561.90	30266.15
E&P	3436.23	3381.83	3031.18	2745.23	2655.07
中国公司	51518.59	54347.69	59049.70	58329.07	64727.59
亚太储量	144600.73	146315.46	150526.69	158686.88	169481.11

数据来源：公司年报、IHS、BP 世界能源展望整理

三、油气产量区域变化趋势

2013—2017年，全球五大地区产量结构中，只有北美地区产量集中度出现了下降的趋势；中南美、非洲&中东和亚太地区的产量集中度呈现不同发展趋

势；欧洲地区集中度基本稳定不变（图5-21）。全球一体化公司（IOC）在各地区实施产量布局调整，亚太地区参与度提升。

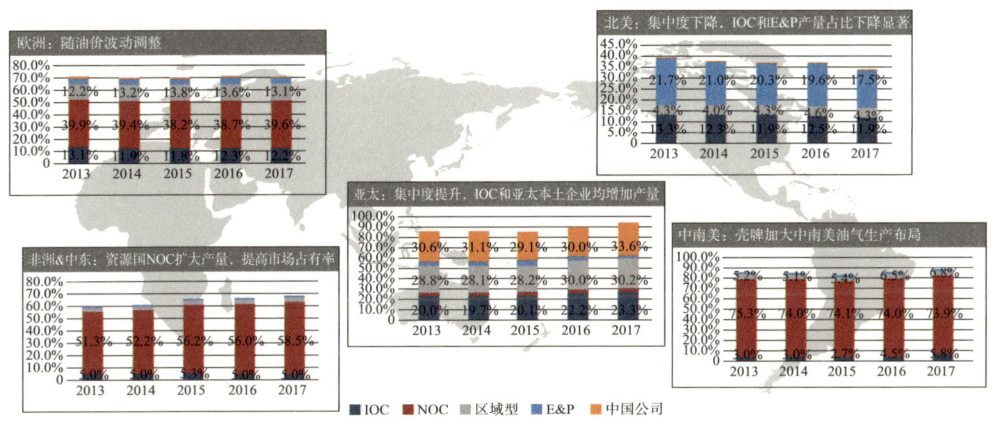

图5-21 分地区产量占比变化趋势

数据来源：公司年报整理

1. 北美地区产量规模增长最快，但集中度呈现下降趋势，全球一体化公司（IOC）和独立勘探开发公司（E&P）产量占比有所下降（表5-8）。对比五大地区数据，北美地区产量规模由10216百万桶油当量增长至12258百万桶油当量，五年整体增长率为20%，为五大地区增速之首。同期，北美地区产量集中度由40%降至34%，是集中度水平最低的，也是唯一一个集中度下降的地区。结合储量数据来看，北美地区已成为近年来油气勘探生产的热点地区。以中国海油为代表的中国公司在北美地区也在加大产量规模。

全球一体化公司（IOC）产量规模近三年变化不大，但地区占比有所下降。独立勘探开发公司（E&P）在油价波动环境下被迫调整资产，油气产量规模出现显著下滑，北美地区产量占比由21.7%降至17.5%。

表5-8　2013—2017年各类石油公司北美地区总产量及占比变化

单位：百万桶油当量

年份	2013年	2014年	2015年	2016年	2017年
IOC	1360.83	1391.17	1422.67	1475.50	1457.67
NOC	0.00	0.00	0.00	0.00	0.00
区域型	438.89	448.17	518.63	543.21	527.55
E&P	2217.11	2366.50	2425.65	2317.18	2148.17
中国公司	44.58	50.55	50.04	44.41	69.15
北美产量	10216.03	11287.61	11924.71	11811.96	12258.10

数据来源：公司年报、IHS、BP世界能源展望整理

2. 中南美地区受委内瑞拉国油影响，产量规模持续下滑（表5-9）。与储量结构相似，中南美地区油气产量也以委内瑞拉国油为主导，该公司占据中南美产量市场的26%。受油价下跌影响，委内瑞拉经济形势持续恶化，2016—2017年原油产量跌至2003年以来历史最低点，抵消了全球一体化公司（IOC）、区域型公司和中国公司等其他石油公司在中南美地区巩固强化产量规模的绩效结果。

全球一体化公司（IOC）中，壳牌近年来在中南美的业务布局较为突出，2014年收购雷普索尔非北美液化天然气资本组合，开启了中南美地区的大规模布局；并且，壳牌积极参与巴西项目，中南美地区产量规模已从2013年的10.33百万桶油当量增至2017年的151.83百万桶油当量。同时，独立勘探开发公司（E&P）在中南美的产量数据变化，也再次印证了美国企业回归本土的发展趋势。

表5-9 2013—2017年各类石油公司中南美地区总产量及占比变化

单位：百万桶油当量

年份	2013年	2014年	2015年	2016年	2017年
IOC	157.83	160.50	142.83	223.67	278.83
NOC	3909.87	3896.17	3861.90	3699.86	3556.17
区域型	271.45	268.37	283.63	325.62	326.85
E&P	48.47	36.96	35.25	33.63	30.87
中国公司	0.36	0.39	0.41	0.35	0.48
中南美产量	5194.12	5262.57	5215.20	5003.17	4815.03

数据来源：公司年报、IHS、BP 世界能源展望整理

3. 欧洲地区产量水平随油价小幅波动变化（表5-10）。2013—2017年，欧洲地区产量集中度基本保持稳定，产量规模随油价略有波动。结合前文储量分析可见，以壳牌和道达尔为代表的全球一体化公司（NOC）在欧洲重点优化上游资产质量，如壳牌收购BG完成重大战略转型，道达尔收购马士基油气业务等。独立勘探开发公司（E&P）在欧洲市场，同样采取了收缩调整产量的策略。

表5-10 2013—2017年各类石油公司欧洲地区总产量及占比变化

单位：百万桶油当量

年份	2013年	2014年	2015年	2016年	2017年
IOC	1686.45	1510.80	1511.35	1574.02	1605.15
NOC	5147.44	5012.00	4870.97	4957.90	5203.37
区域型	1573.99	1677.12	1765.51	1738.93	1724.62
E&P	573.35	561.92	630.11	643.03	616.28
中国公司	213.34	209.15	220.26	208.35	263.45
欧洲产量	12892.03	12718.32	12762.93	12813.48	13150.71

数据来源：公司年报、IHS、BP 世界能源展望整理

4. 非洲&中东地区产量规模持续增长，国家石油公司（NOC）引领这一增长趋势（表5-11）。对比五大地区数据，非洲&中东地区产量总规模位居首位。2013—2017年，该地区产量规模继续保持增长，且市场集中度进一步提升，由2013年的60.6%升至2017年的67.7%。以“增产保额”为目标的沙特阿美等欧佩克成员国家石油公司（NOC），在增产过程中起到了重要的推动作用。

表5-11　2013—2017年各类石油公司非洲&中东地区总产量及占比变化

单位：百万桶油当量

年份	2013年	2014年	2015年	2016年	2017年
IOC	916.88	923.03	1013.32	987.15	1001.35
NOC	9355.42	9584.33	10698.69	11204.47	11731.77
区域型	490.78	445.77	498.86	482.03	563.96
E&P	298.71	267.86	271.17	276.44	271.28
中国公司	0.00	0.00	0.00	0.00	0.00
非洲&中东产量	18249.76	18362.88	19033.73	19700.09	20045.30

数据来源：公司年报、IHS、BP 世界能源展望整理

5. 亚太地区产量规模高度集中，除独立勘探开发公司（E&P）外，各类公司都在加大亚太油气生产布局（表5-12）。对比五大地区数据，亚太地区的产量集中度增长突出，样本公司产量规模占区域比重已从2013年的86%升至2017年的94%。除独立勘探开发公司（E&P）的产量规模有所缩减外，全球一体化公司（IOC）、区域型公司和中国公司在五年间产量规模都增长了200～300百万桶油当量，对应在亚太地区产量的比重也都增加了2～3个百分点。其中，全球一体化公司（IOC）中埃克森美孚和壳牌公司在亚太加大储量的同时，也积极部署产量扩大，是在亚太积极发展上游业务的典型。区域型公司中，巴斯夫十分关注亚太市场机会，已在亚太地区拥有较大规模的油气产量。

表5-12　2013—2017年各类石油公司亚太地区总产量及占比变化

单位：百万桶油当量

年份	2013年	2014年	2015年	2016年	2017年
IOC	1255.17	1264.50	1328.83	1460.50	1560.67
NOC	169.80	200.21	221.44	237.91	252.95
区域型	1796.28	1808.10	1865.31	1973.37	2021.00
E&P	251.89	258.44	243.01	227.54	216.39
中国公司	1921.88	1997.41	1928.18	1975.41	2250.22
亚太产量	6282.17	6432.40	6615.32	6588.15	6697.17

数据来源：公司年报、IHS、BP 世界能源展望整理

四、炼化能力区域变化趋势

2013—2017年，全球五大地区炼化能力整体平稳发展。各类石油公司中，全球一体化公司（IOC）主动进行炼化能力调整，在各地区的炼化能力占比下调；国家石油公司（NOC）普遍加大炼化投入，炼化能力有所提升（图5-22）。

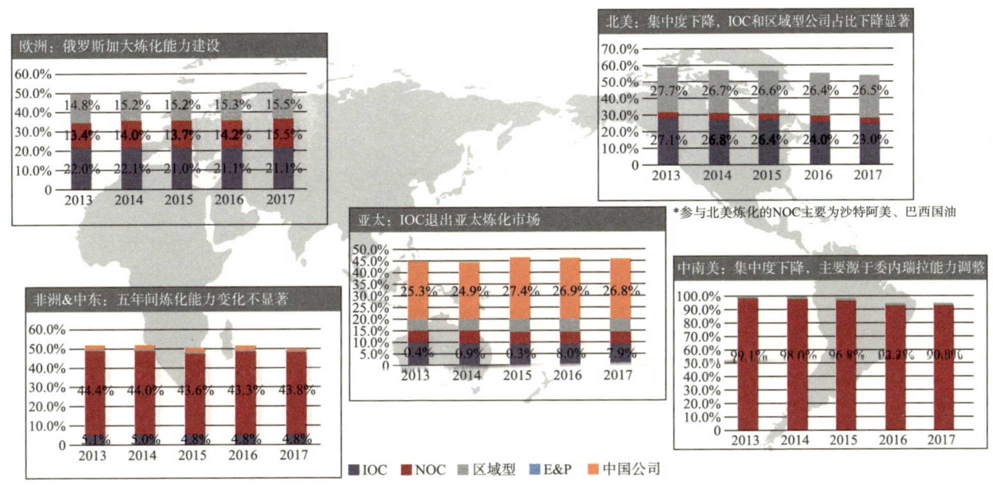

图5-22　分地区炼化能力占比变化趋势

数据来源：公司年报整理

1. 北美地区整体炼化能力在油价下跌后出现小幅增长，全球一体化公司（IOC）调整收缩当地炼化能力（表5-13）。北美地区炼化能力随油价波动变化，在2015—2016年油价较低期间出现过小幅增长。全球一体化公司（IOC）在近几年进行全球炼化能力的布局调整，北美地区以埃克森美孚为典型，剥离小规模炼化产能，整体炼化规模有明显降低。

表5-13　2013—2017年各类石油公司北美地区炼化能力及占比变化

单位：千桶/日

年份	2013年	2014年	2015年	2016年	2017年
IOC	5377.00	5321.00	5337.00	5113.00	4900.00
NOC	635.00	635.00	635.00	635.00	664.05
区域型	5496.00	5293.00	5385.00	5434.00	5437.00
中国公司	0.00	0.00	0.00	0.00	0.00
北美炼化能力	19854.07	19818.44	20245.79	20554.71	20535.33

数据来源：公司年报、IHS、BP 世界能源展望整理

2. 中南美地区炼化能力稳步发展，本土国家石油公司（NOC）主导炼化市场变化（表5-14）。委内瑞拉国油受本国经济形势恶化影响，2016—2017年炼化能力出现明显降低。

表5-14　2013—2017年各类石油公司中南美地区炼化能力及占比变化

单位：千桶/日

年份	2013年	2014年	2015年	2016年	2017年
IOC	0.00	0.00	0.00	0.00	0.00
NOC	7459.93	7450.06	7490.79	7153.29	7048.74
区域型	102.00	102.00	102.00	117.00	117.00
中国公司	0.00	0.00	0.00	0.00	0.00
中南美炼化能力	7526.35	7603.28	7739.30	7746.77	7766.73

数据来源：公司年报、IHS、BP 世界能源展望整理

3. 欧洲地区整体炼化能力保持稳定，国家石油公司（NOC）加大炼化能力建设，全球一体化公司（IOC）呈现炼化资产剥离趋势（表5-15）。欧洲炼化市场发展较为成熟，近年来整体规模保持稳定。以俄油、俄气为代表的国家石油公司（NOC）强化产业链一体化能力，加紧炼化产能建设，五年实现增幅15.5%。同时，全球一体化公司（IOC）出于剥离低效产能，集中炼化能力的考虑，进行了部分剥离。以道达尔为典型，出售下游资产，炼化能力呈现降低趋势。

表5-15　2013—2017年各类石油公司欧洲地区炼化能力及占比变化

单位：千桶/日

年份	2013年	2014年	2015年	2016年	2017年
IOC	5200.00	5208.00	5204.00	4982.00	4982.00
NOC	3171.24	3299.39	3250.70	3349.91	3664.20
区域型	3504.85	3583.25	3611.53	3611.53	3662.53
中国公司	0.00	0.00	0.00	0.00	0.00
欧洲炼化能力	23602.38	23611.48	23722.06	23570.73	23579.04

数据来源：公司年报、IHS、BP 世界能源展望整理

4. 非洲&中东地区炼化能力整体增长显著，国家石油公司（NOC）主导当地炼化产能扩张（表5-16）。在五大地区中，非洲&中东地区的炼化能力规模增长最为显著，增速也最快，五年增幅达到9%。与中南美洲相似，本地炼化能力的增长主要来自国家石油公司（NOC）。

表5-16　2013—2017年各类石油公司非洲&中东地区炼化能力及占比变化

单位：千桶/日

年份	2013年	2014年	2015年	2016年	2017年
IOC	604.00	625.00	614.00	626.00	624.00
NOC	5258.00	5560.00	5572.00	5735.00	5671.18
区域型	94.44	74.04	65.76	65.76	65.76
中国公司	240.00	240.00	240.00	240.00	240.00
非洲&中东炼化能力	11851.37	12381.68	12774.68	12936.68	12954.82

数据来源：公司年报、IHS、BP世界能源展望整理

5. 亚太地区炼化能力小幅增加，全球一体化公司（IOC）剥离炼油资产（表5-17）。亚太市场是五大区域市场中炼化能力规模最大，集中度最低的市场，34家公司的炼化能力占比仅为45%左右。2013—2017年，全球一体化公司（IOC）退出亚太炼油市场迹象较为明显。如壳牌、雪佛龙分别出售的澳大利亚资产中即包含了炼油部分。

表5-17　2013—2017年各类石油公司亚太地区炼化能力及占比变化

单位：千桶/日

年份	2013年	2014年	2015年	2016年	2017年
IOC	3022.00	2937.00	2696.00	2635.00	2631.00
NOC	1493.00	1701.00	1707.65	1692.00	1622.46
区域型	1750.00	1745.00	1867.00	1867.00	1993.00
中国公司	8171.40	8254.54	8926.90	8825.93	8933.45
亚太炼化能力	32315.68	33124.68	32564.25	32753.40	33303.49

数据来源：公司年报、IHS、BP世界能源展望整理

第三节 财务绩效分析

一、综合财务指标绩效变化趋势

从盈利能力①、增长能力②和资产质量③三维度对样本公司财务绩效进行综合分析。

1. 2017年样本公司重回“高盈利—高增长”区间（图5-23）。跟踪2014—2017年财务综合绩效水平变化，油气行业整体绩效跟随油价变动，经历了盈利能力、增长能力下降再回升的过程，2017年样本公司均进入“高盈利—高增长”区间。独立勘探开发公司（E&P）盈利水平波动幅度显著高于其他类型公司。

2. 业务一体化发展在低油价时期具有更好的盈利能力（图5-23）。样本公司中业务一体化发展的公司，如全球一体化公司（IOC）、国家石油公司（NOC）、部分区域型公司及中国公司始终保持在高盈利区间，而独立勘探开发公司（E&P）由于其专注于上游的业务，在2014年油价下跌之前还能保持在高盈利区间，2015—2016年间随着油价的持续低位震荡，独立勘探开发公司（E&P）进入低盈利区间，随着2017年油价的回升重回高盈利区间。

3. 独立勘探开发公司（E&P）规模相对较小，业务调整灵活，且较多独立

① 通过综合计算样本公司净资产收益率、已动用资本回报率、息税前利润率三项指标，反应样本公司的盈利能力。

② 通过综合计算样本公司营业收入增长率、总资产增长率、研发投入强度三项指标，反应样本公司的增长能力。

③ 通过综合计算样本公司净资产周转率、资产负债率两项指标，反应样本公司的资产质量。

勘探开发公司（E&P）在北美地区上市，其“灵活”的特性使其在资本市场更容易获得资金支持，故此，在油价冲击下，独立勘探开发公司（E&P）仍保持了较好的增长能力（图5-23）。具体表现为在2013—2017年间，独立勘探开发公司（E&P）增长能力随着油价下跌增长能力有所下降，但始终保持在高增长区间。

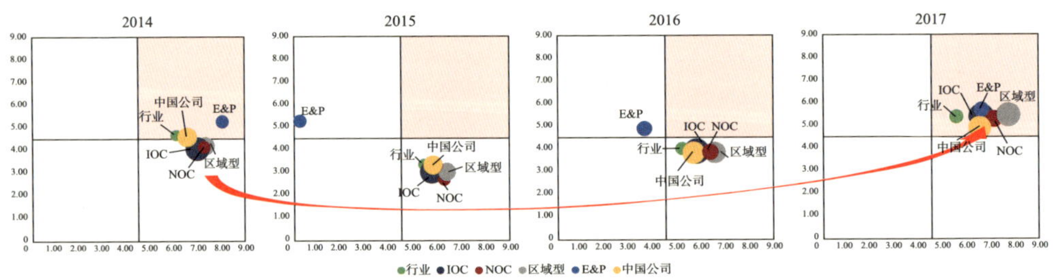

图5-23　综合绩效水平变化趋势

注1：横轴—盈利能力（综合净资产收益率、已动用资本回报率、EBIT利润率三项指标）；纵轴-增长能力（综合营业收入增长率、总资产增长率、研发投入强度三项指标）；图中圆圈面积—资产质量（综合净资产周转率、资产负债率两项指标），指标计算采用无量纲法进行处理。

注2：坐标图分为四个区域，其中：左上区域为“低盈利—y同增长”区域，右上区域为“高盈利—高增长”区域（红色区域），左下区域为“低盈利—低增长”区域，右下区域为“高盈利—低增长”区域。

数据来源：公司年报整理计算，BVD—OSIRIS全球上市公司分析库

二、关键财务指标绩效变化趋势

（一）总资产及总资产增长率变化趋势

1. 资产规模变化趋势与油价波动趋同，国家石油公司（NOC）和独立勘探开发公司（E&P）资产规模下降趋势明显（图5-24）。全球一体化公司（IOC）、区域型公司和中国公司在油价波动下总资产规模出现小幅波动，波动幅度在10%以内。2017年油价回升，上述三类公司资产规模也相应上升；国家石油公司（NOC）和独立勘探开发公司（E&P）资产规模下降趋势明显，国

家石油公司（NOC）在2015年时下降幅度最大，达到27%，2016—2017年小幅回调；独立勘探开发公司（E&P）总资产规模持续下降，2017年总资产规模较2013年总资产规模下降幅度达30%。

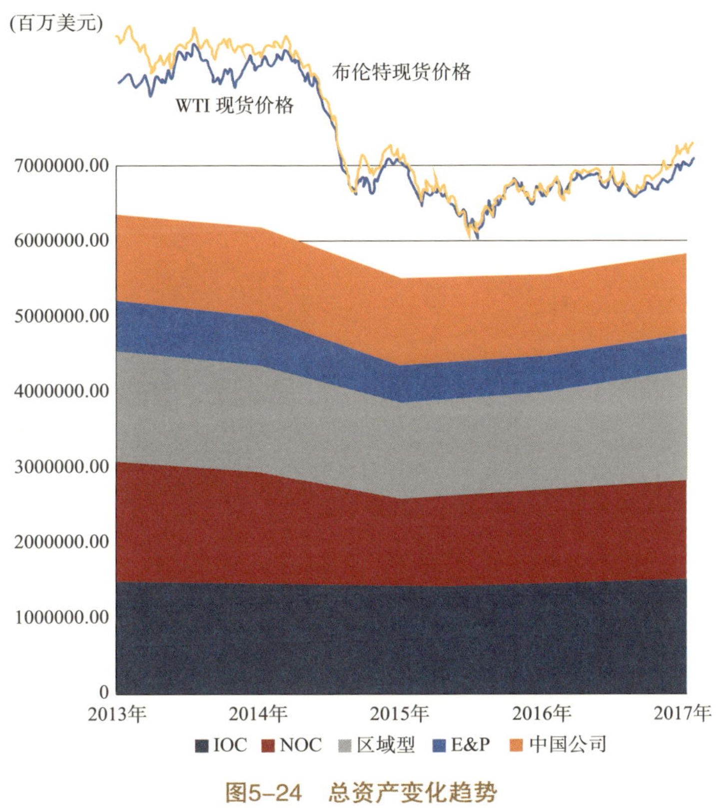

图5-24 总资产变化趋势

数据来源：公司年报整理

2. 总资产增长率变化与油价波动趋同，除中国公司外，其他公司在2017年回归正增长（图5-25）。多数样本公司在低油价环境下持续调整、优化资产组合，具体表现为总资产增长率的波动。全球一体化公司（IOC）、国家石油公司（NOC）、区域型公司、独立勘探开发公司（E&P）均在2015年达到最大负增长值，随后逐渐回调，在2017年重回正增长区间；中国公司净资产水平保持稳定，逐渐降低负债规模，总资产增长率逐渐下降，且在2016年达到最大负增长值，2017年小幅回调仍处于负增长状态。

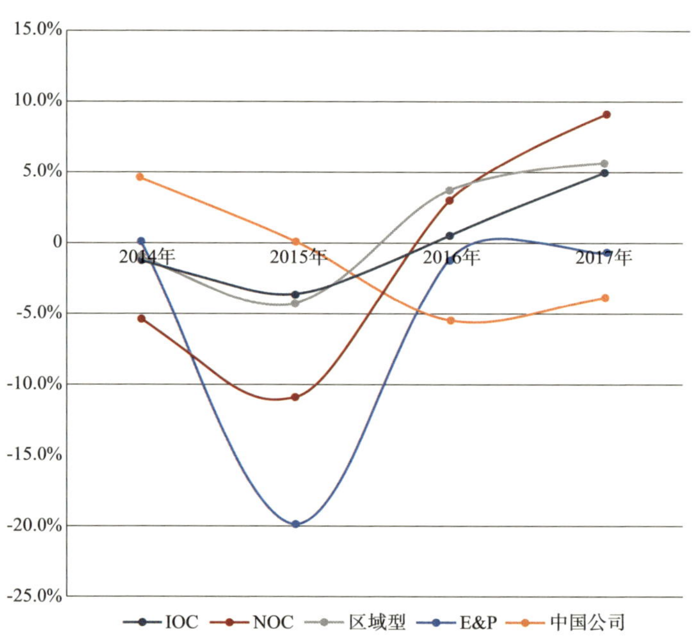

图5-25　总资产增长率变化趋势

数据来源：公司年报整理

（二）营业收入及营业收入增长率变化趋势

样本公司营业收入、营业收入增长率变化趋势与油价波动趋同（图5-26、图5-27）。样本公司营业收入随油价波动而波动，最大降幅出现在2016年，均达到50%以上，2017年实现小幅回升；样本公司营业收入增长率基本保持相同变化趋势，随油价波动而波动，在2015年达到最大负增长值，其中独立勘探开发公司（E&P）营业收入增长率负增长最为明显，2015年时负增长最大值达到39.8%。

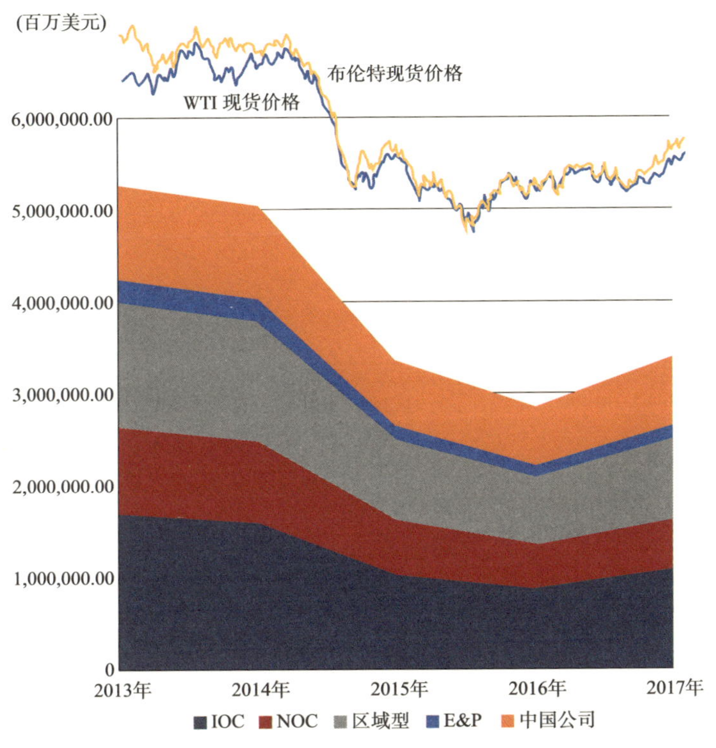

图5-26　营业收入变化趋势

数据来源：公司年报整理

此外，此次油价下跌，使委内瑞拉国油营业收入由2013年的1139亿美元大幅下降至2016年的419亿美元，降幅高达63%。营业收入增长率持续走低，最高营业收入负增长率在2015年达到43.5%。委内瑞拉国油营业收入大幅下降同时影响了以石油为主要收入来源的委内瑞拉国家经济，最终导致了委内瑞拉国家经济崩盘（2018年通货膨胀率达到1370000%），进一步恶化了委内瑞拉国油的经营环境，导致了恶性循环。

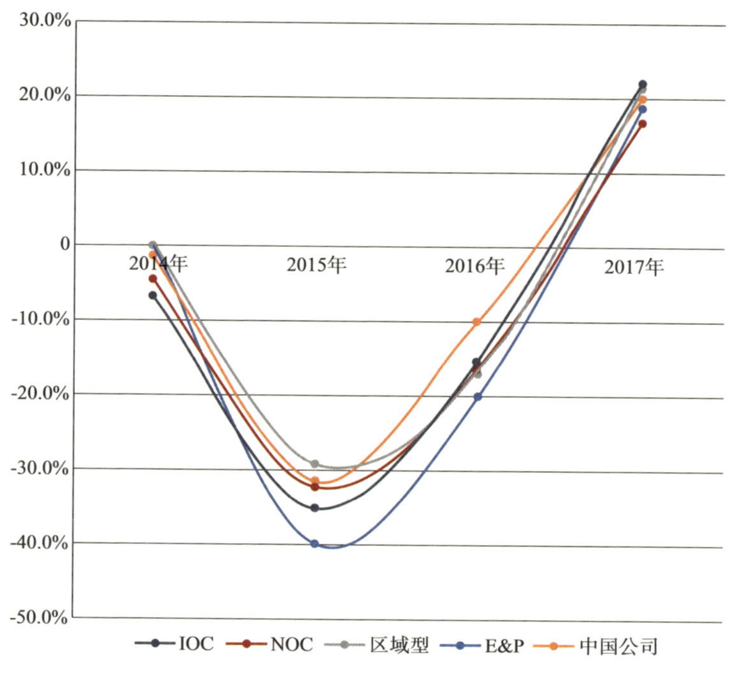

图5-27　营业收入增长率变化趋势

数据来源：公司年报整理

（三）净利润及净利润增长率变化趋势

净利润、净利润增长率变化趋势与油价保持相同走势，其中独立勘探开发公司（E&P）由于业务结构相对单一，出现大幅亏损（图5-28、图5-29）。样本公司净利润变化趋势与油价保持相同走势，2015年普遍出现亏损，其中独立勘探开发公司（E&P）亏损最为严重，2015年净利润增长率为-243.5%。2017

年油价缓慢回升后，各类公司均实现扭亏为盈，净利润增长率实现正增长。计提资产减值，是样本公司净利润亏损的重要原因之一。油价暴跌，导致大量公司对以上游为主的业务资产进行了较大规模的资产减值，主要集中在2014年与2015年。如2014年，英国石油计提资产减值89.65亿美元；道达尔2014年与2015年分别计提资产减值70.63亿美元和54.47亿美元。独立勘探开发公司（E&P）计提资产减值幅度更大，在2015年，阿帕奇计提资产减值274.37亿美元；同年，戴文能源计提资产减值208.2亿美元，切萨皮克计提资产减值182.39亿美元。

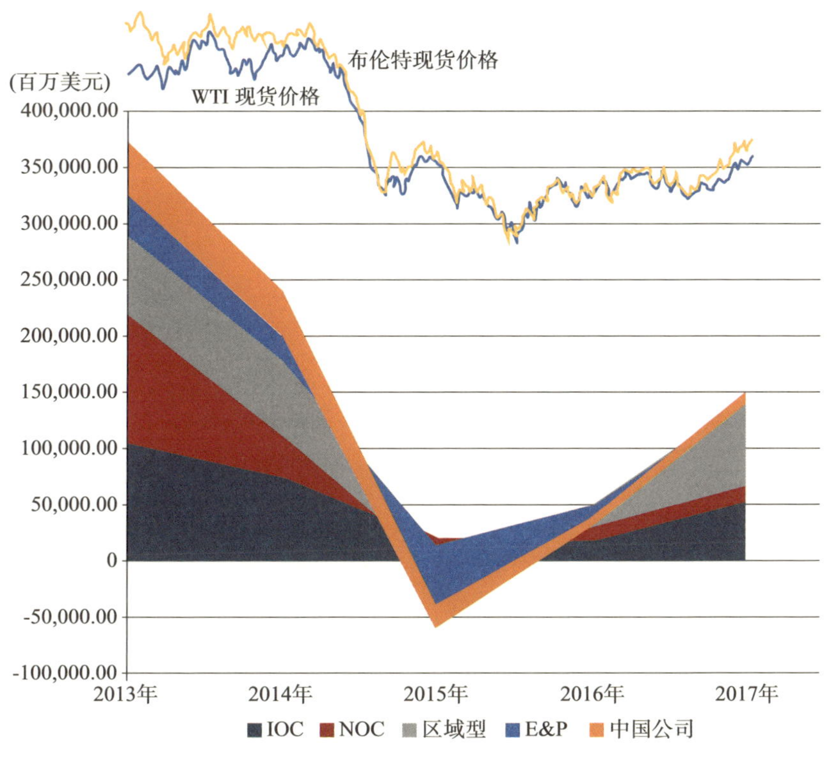

图5-28 净利润变化趋势

数据来源：公司年报整理

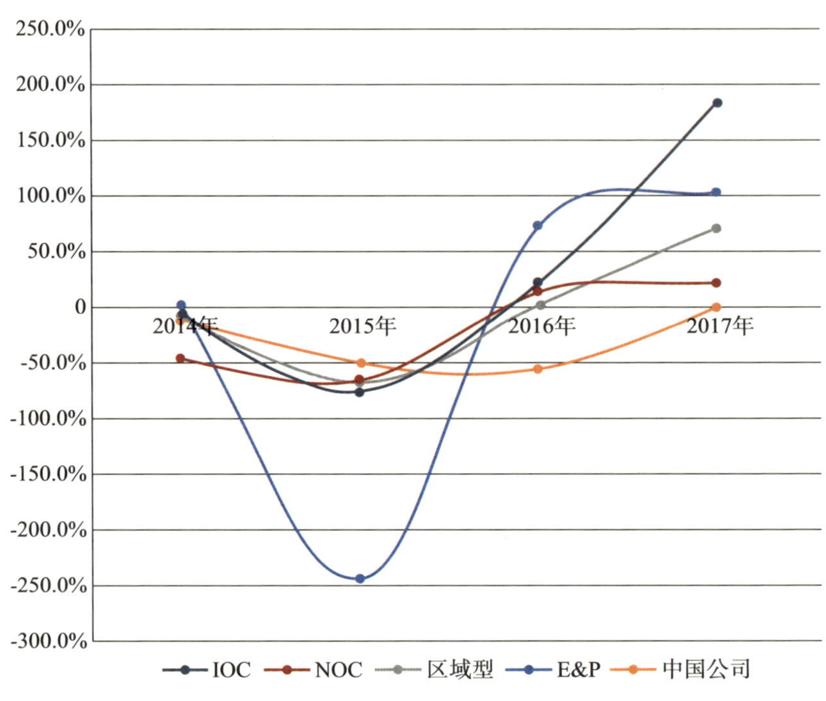

图5-29　净利润增长率变化趋势

数据来源：公司年报整理

（四）自由现金流变化趋势[①]

中国公司自由现金流增长趋势明显，样本公司自由现金流变化趋势与油价变化趋同（图5-30）。充裕的现金是石油公司健康发展的基础，尤其在低油价时期，更应通过出售非核心资产，减少或者取消非必要的投资项目以及裁员等方式进一步削减成本，以提供持续的现金流。样本公司整体自由现金流随油价回升后逐步向好，但在低油价时期，大量样本公司出现自由现金流为负值的情况。典型企业如雪佛龙、道达尔在2014—2016年间自由现金流均为负值，其中

① 自由现金流计算公式，自由现金流=经营活动净现金流-购置固定资产、无形资产等相关支出。

雪佛龙在2015年自由现金流超过-100亿美元。此外，中国公司自由现金流恢复较快，2017年自由现金流较2013年实现增长220%。

（五）市值变化趋势

市场对于上市公司的投资信心随油价波动而波动（图5-31）。样本公司（上市公司）市值变动与油价变动基本一致，上市公司市值最低中位值出现在2015年，随后样本公司市场整体回升，反应出市场对于油气公司的投资信心随油价波动而波动。

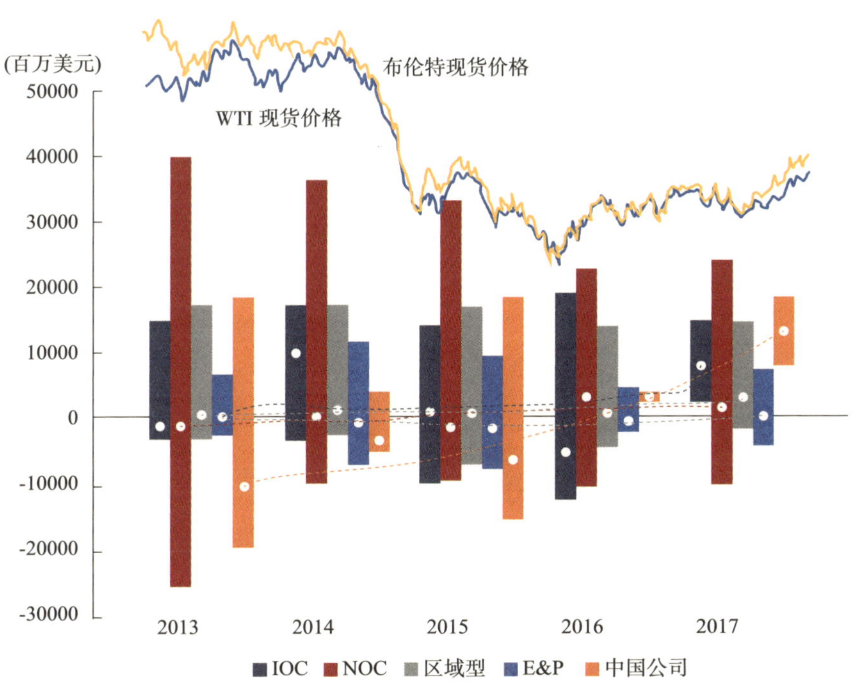

图5-30 自有现金流变化趋势

注：计算公式：自由现金流（FCF）=经营性净现金流量-生产性资本支出。
数据来源：公司年报整理

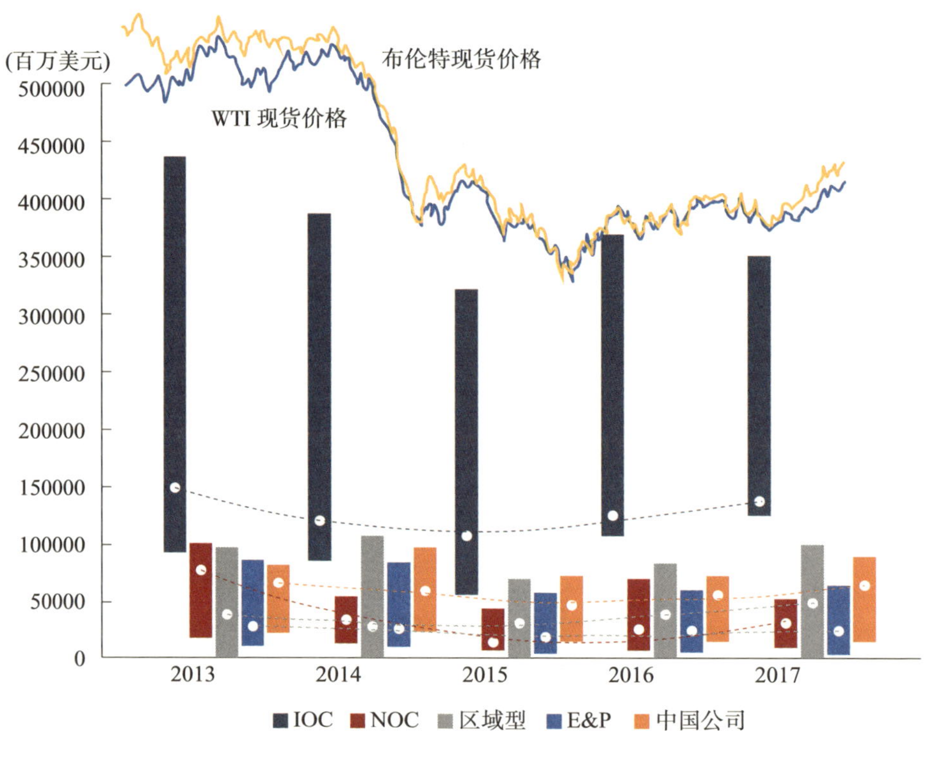

图5-31　市值变化趋势

数据来源：公司年报整理，BVD上市公司数据库

此外，样本公司整体在2015年达到市值最低点。其中全球一体化公司（IOC）下降幅度达30%，国家石油公司（NOC）下降幅度达65%，区域型公司下降幅度达29%，独立勘探开发公司（E&P）下降幅度达37%，中国公司（按有限公司口径计算）下降幅度达23%。

（六）净资产收益率（ROE）及已动用资本回报率（ROCE）变化趋势

独立勘探开发公司（E&P）抵御油价波动的能力弱于其他类型公司（图5-32、图5-33）。在油价持续低位运行的背景下，样本公司总体上净资产收益率、已动用资本回报率有所下滑，其中独立勘探开发公司（E&P）下降最为明显，尤其在2015年油价跌入30～50美元/桶区间，独立勘探开发公司（E&P）全面亏损，净资产收益率、已动用资本回报率呈现负值，也从侧面表明独立勘探开发公司（E&P）抵御油价波动的能力弱于其他类型公司。

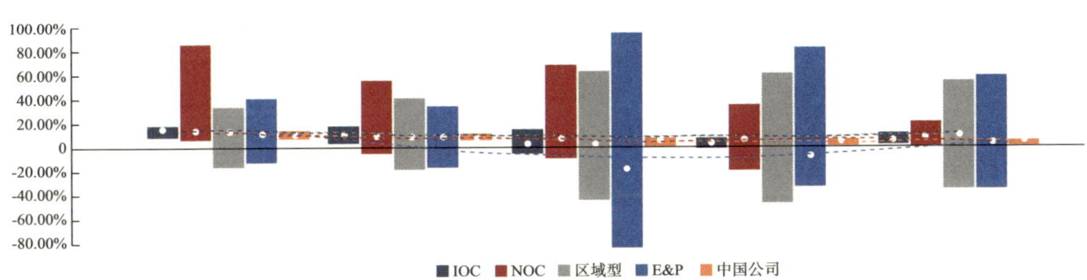

图5-32　净资产收益率变化趋势

资料来源：公司年报整理

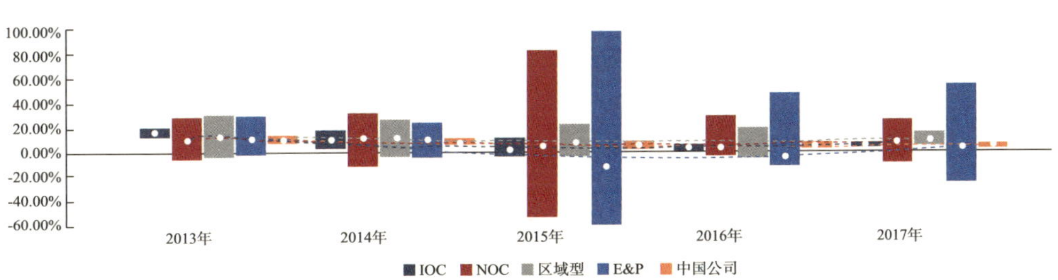

图5-33　已动用资本回报率变化趋势

资料来源：公司年报整理

第四节　组织绩效分析

一、人员规模变化趋势

油价持续低位运行，多数公司采取裁员的方式降低运营成本（图5-34）。

故此人员规模随油价变动有所降低，其中：

全球一体化公司（IOC）五年间人员规模共计减员超过34000人，雪佛龙减员规模最大，达12700人，约占总减员人数的35%。此外单独计算上、下游减员规模，壳牌重点调整下游人员规模，上下游共计减员10000人，其中上、下游减员比例为1：4。英国石油、道达尔上游减员规模大于下游，英国石油上、下游共计减员12900人，上、下游减员比例为1.2：1，道达尔共计减员6600人，上、下游减员比例为1.5：1。

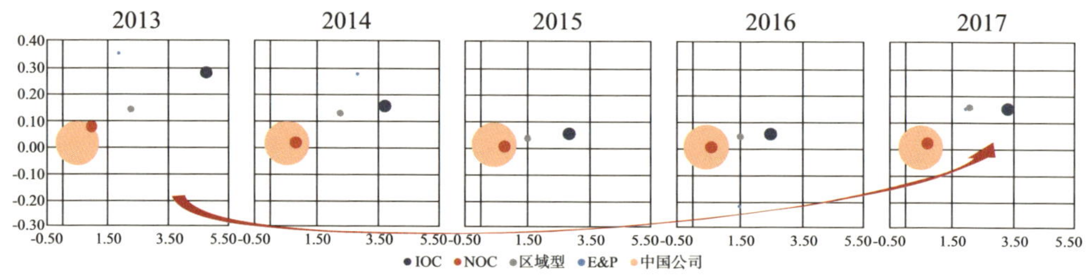

图5-34　人员规模变化趋势

资料来源：公司年报整理计算

二、人均创收、人均创利变化趋势

在油价下跌、石油公司普遍通过裁员降低运营成本等因素影响下，样本公司人均创收和人均创利水平随油价波动，2017年逐步回复接近原有区间。其中，独立勘探开发公司（E&P）的人均创利波动幅度最大，中国公司人员规模庞大，人均创收和创利水平相对偏低。

三、组织构架调整

2013—2017年间，部分样本公司重点围绕“天然气业务、新能源业务”发展需要进行了组织构架的调整，具有如下特点：

1. 提升新能源业务地位的同时，通过组织构架调整加强天然气业务与新能源业务的协同发展。典型案例如道达尔在2016年将新能源与天然气业务整合，成立了继勘探开发、炼化和销售之后的第四个核心业务部门，即天然气、可再生能源和电力事业部（GRP）。同年，壳牌也将新能源与一体化天然气业务整合，成立了一体化天然气和新能源业务板块，在发展天然气的同时，开发生物燃料、氢能、风能、太阳能等业务。

2. 将新能源业务提升为企业重要业务，表明对于新能源业务发展的积极态度。典型企业如英国石油单独设立了新能源业务板块，并对不同的新能源业务设置战略绩效单元。此外，英国石油内部专门成立了一个叫英国石油风险投资的部门，专门用于投资处于早期开发的技术（包括新能源技术）。挪威国家石油公司在2015年成立新能源解决方案部门，将海上风力和碳捕捉存储技术作为重点投资对象，2016年开始新能源解决方案部门跟进太阳能领域的投资，迈出了太阳能投资的第一步。

3. 重组业务构架，保障既有市场的充分发展。典型企业如切萨皮克，2013年将公司重组成为南、北两个事业部，及地下勘探技术部门和运营技术服务部门，通过业务构架的重组，明确了市场发展的方向，及后期部门的职责划分。

第五节 研发绩效分析

一、TOP 5专利结构、申请量变化趋势

传统上、下游技术研发仍是石油公司关注的核心，钻井技术在2013—2017年近五年得到了高度关注和大幅发展（图5-35）。对比样本公司2008—2012年与2013—2017年TOP 5专利结构可以看到，传统上、下游技术仍是石油公司关注的核心，2008—2017年十年时间内，TOP 5专利结构未发生变化，上游技术方向包括钻井技术、物探技术，下游技术方向包括化工合成催化剂技术、精细化品（芳香烃）的制备及原油裂解技术。从TOP 5专利申请数量上看，钻井技术专利由2008—2012年的3684件，快速增长至2013—2017年的9610件，涨幅161%。

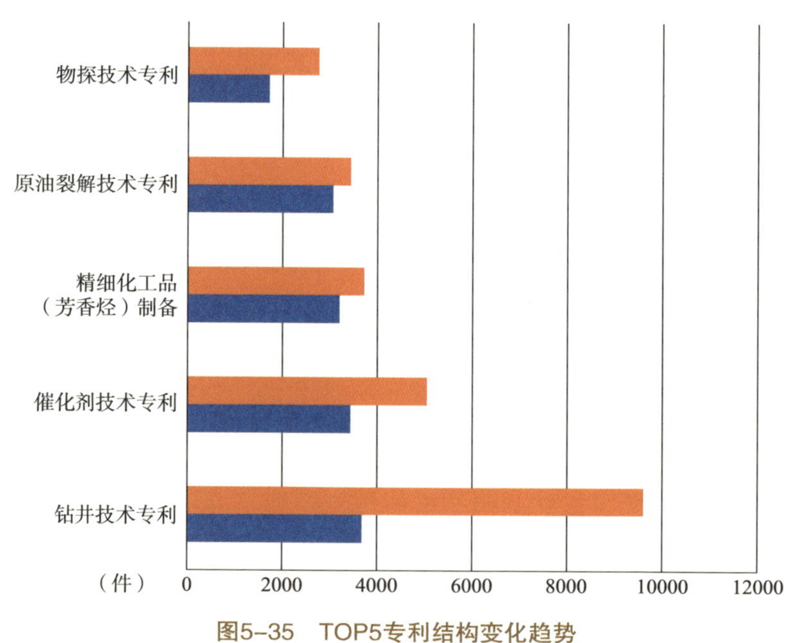

图5-35 TOP5专利结构变化趋势

数据来源：科睿唯安

此外，中国公司在2013—2017年TOP 5专利申请量中“独占鳌头”。2013—2017年TOP 5专利数量总计24462件，其中由中国公司申请的专利数量达13473件，占比55%。其中在钻井技术专利中，中国公司合计申请量超过6000件，占总申请量的73%。

二、TOP 10专利申请量变化趋势

1.以2013年为界，全球一体化公司（IOC）TOP 10专利数量呈明显下降趋势（图5-36）。油价高位时期，石油公司利润丰厚，重视技术储备，造就了2008—2012年间上、下游技术的快速发展，2014年油价断崖式下跌，在收入、净利润双双大幅下降的背景下，石油公司由扩大技术储备转向“实用性、针对性”技术的研发，更加重视提高效率、降低成本等技术方向。此外在现有技术水平下，实现技术进一步突破的瓶颈越来越大，也导致了技术大发展后的“萧条”。综上对比上、下游专利数量变化，以2013年为界下游专利数量开始下滑，其中全球一体化公司（IOC）自2013年开始，上、下游专利数量均呈现明显下降趋势。

2. TOP 10专利中，中国公司上游技术专利申请量超越全球一体化公司（IOC）。中国公司上游专利数量在2011—2012年实现“爆发”式增长，在2012年达到1381件，超越全球一体化公司（IOC）的1316件。此后中国公司继续保持上游专利技术的快速发展，在2015年突破2200件后小幅下降至2016年的1966件。这主要是由于三方面因素影响，第一是近十年来中国公司对技术研发与技术创新的重视度不断提高，相应的研发投入不断加大；第二是中国公司与全球一体化公司（IOC）不同，含有油田服务板块，而油服板块对技术研发要求较

高，拥有专利数量较多；第三是中国公司的专利包含实用新型专利，而全球一体化公司的专利只包含发明专利。

3. 生物柴油技术逐渐进入TOP 10专利结构中。典型企业如英国石油，其TOP 10专利结构中自2012年开始出现微生物遗传学、微生物发酵两个专利方向，并在2013年分别达到37、20件的最高值。

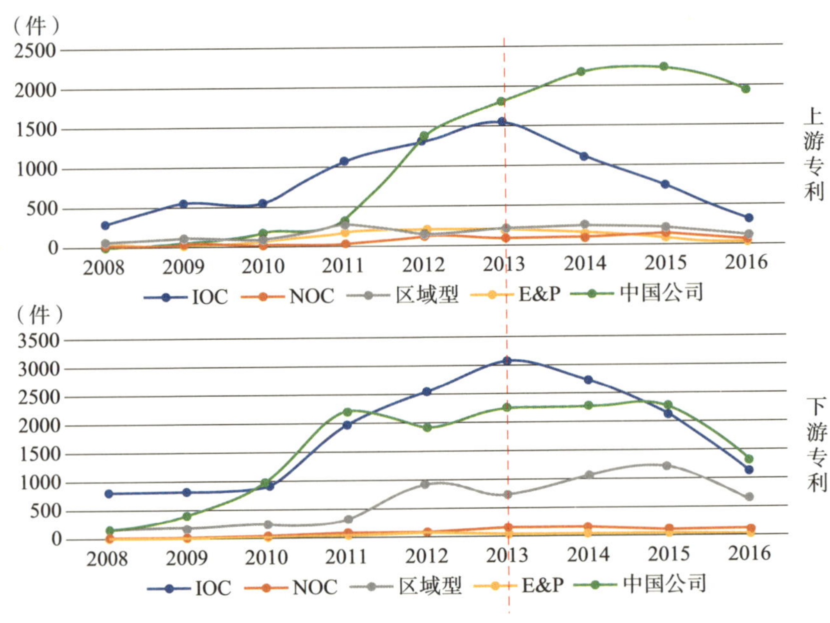

图5-36 TOP 10专利申请变化趋势

注：上游方向包括半导体器件、泵（变容）、传动设备、电信号处理、流体测量、气体分离技术、数据分析处理、物探技术专利、液化（冷却）技术、粘合剂、钻井技术专利、注重成型（装备制造）；下游方向包括催化剂技术专利、分析化学、离分子材料、高分子化合物制备、高分子聚合（非烯烃）、精细化工品（芳香烃）制备、气体燃料、润滑油改性、提效、设备检测、无机化学、烯烃聚合物制备、原油裂解技术专利、杂环化合物、高分子合成、化工品合成工艺、一次性成型设备、工艺流程设备。

三、油气产业链上、下游及新能源专利申请方向变化趋势

以2011年为界，对样本公司油气产业上、下游及系能源专利申请进行研究（图5-37）。

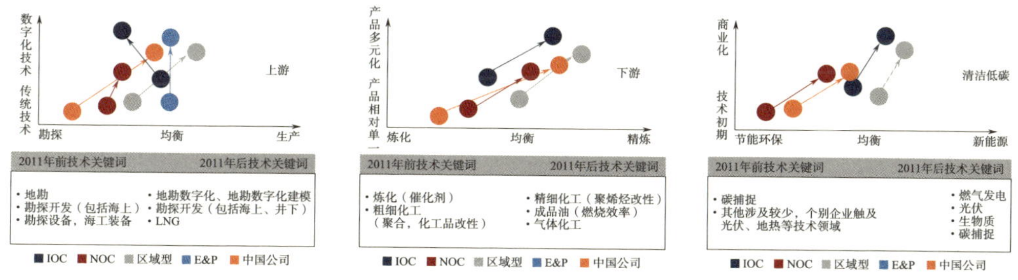

图5-37 上、下游及新能源专利研发方向变化趋势

1. 样本公司上游专利申请方向普遍由传统勘探开发技术（物探、相关设备）向数字化勘探开发技术（地勘数字化建模、数字化设备）转变。全球一体化公司（IOC）由勘探技术与油气开采技术均衡发展转向更加偏重勘探技术，典型企业如埃克森美孚，2011年前上游专利申请方向主要集中在物探技术（Subsurface），申请规模在200件左右。2011年后，上游专利申请方向转向地勘数字化建模（Data Model），截止2017年申请规模在150件左右；区域型公司由勘探技术为主转向油气开采技术；国家石油公司（NOC）、中国公司向勘探技术与油气开采技术均衡的方向发展；独立勘探开发公司（E&P）保持上游技术均衡发展。

2. 样本公司下游专利申请方普遍向炼化/化工产品多元化的方向转变，同时样本公司均注重精炼技术的发展。典型企业如埃尼，2011年下游专利申请方向集中在重油（Heavy crude oil）炼化乙烯及共聚物（Ethylene & co-polymers）的制备，2011年后下游专利申请方向更多集中在芳香烃（Aromatic Hydrocarbon）的制备。

3. 样本公司清洁低碳专利申请方普遍向实现商业化的新能源技术进行转

变，2011年前，样本公司有关清洁低碳方向的专利主要集中在污水处理、节水节电等节能环保技术方向。2011年后，随着新能源技术的发展与逐步实现商业化，及石油公司对新能源业务态度的转变，样本公司清洁低碳专利申请方向主要集中在天然气发电、光伏技术、碳捕捉技术等。

四、研发组织

样本公司专利申请组织集中度较高（图5-38）。样本公司专利申请发起的组织主要集中在少数几家研究机构，专利申请组织集中度较高，全球一体化公司（IOC）在该方面表现较为明显。典型企业如壳牌，2013—2017年TOP 10专利申请量中，超过80%的专利申请案来自两家组织壳牌国际研发机构（Shell International Research）及壳牌油品公司（Shell Oil Company）。

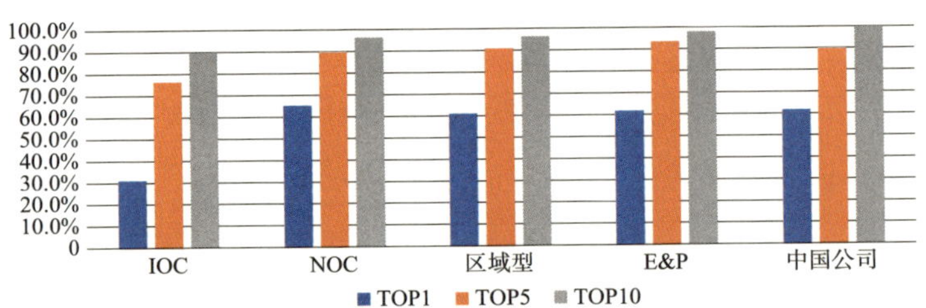

公司	主要研发机构
埃克森美孚	埃克森美孚化学专利公司 埃克森美孚研究与工程公司 埃克森美孚上游研究公司
壳牌	壳牌国际研究协会 壳牌石油公司
英国石油	英国石油北美公司 英国石油化工有限公司 英国石油勘测有限公司
雪佛龙	雪佛龙美国公司 雪佛龙菲利普斯化工有限公司
道达尔	法国道达尔公司 道达尔市场营销公司 道达尔研究技术弗吕公司 道达尔炼油化学公司

图5-38　主要专利申请机构

本章小结

在油价波动的背景下，全球主要油气公司经历了财务绩效的显著波动，2017年逐步回归至“高盈利—高增长”区域。不同类型公司在绩效表现上存在不同特点。

全球一体化公司（IOC）表现出了较好的财务绩效表现和风险抵御能力，油价稳定后，经营绩效快速回复；虽然储量水平有所下降，但业务成本快速降低，上游桶油成本和下游桶油利润都拥有良好业绩表现；技术研发方面，专利规模下滑，技术方向转向数字化、精细化工和新能源等方向。

国家石油公司（NOC）整体绩效表现较为平稳。不同资源国国家石油公司的经营业绩，存在较大的差异性。沙特阿美等中东国家石油公司表现较好的抗风险能力，而委内瑞拉国油则受到油价波动影响较大，并进一步导致严重的经营危机。

区域型公司整体财务绩效表现与行业水平相当，但不同公司在业务绩效方面差异较大。其中埃尼、挪威国油财务与业务绩效表现接近全球一体化公司（IOC）水平；雷普索尔、森科能源和日本国际石油由于进行了重要的资产购置，业务绩效出现了较高增长。

独立勘探开发公司（E&P）抵御油价变化的能力较弱，经营业绩波动幅度远超其他类型公司，油价下跌及低位徘徊时期，各项业绩指标均出现大幅下滑，但油价平稳后能够快速回到高绩效区间；技术研发方面，专利获取方向由勘探开发转向提高采收率。

中国公司绩效表现较为平稳，油价稳定后，经营业绩可以较快恢复到较高水平；海外业务占比有所提升；技术专利快速积累，超过全球一体化公司（IOC）总量。

PART 6

第六章

国际石油公司战略实践总结与启示

第一节 国际石油公司战略发展特点与趋势

通过对53家公司的深入分析研究，总结上述公司2013—2017年近五年的战略发展实践，有五个特征最为显著：

第一，能源清洁化转型战略已趋明朗。随着政策强度的提升与能源技术的发展，大型石油公司对发展清洁能源业务的态度不再摇摆不定。全球一体化公司（IOC）、大部分国家石油公司（NOC）和大部分区域型石油公司的清洁化转型方向已经明确。其中一部分公司提出从油气公司向气油公司转变，逐步提高天然气业务比重；另一部分公司则更进一步，自身定位从石油公司向综合能源服务公司转变，将光伏、风电等新能源作为重要的业务支柱板块。

第二，“归核化”成为新的战略调整方向。经历低油价环境后，大型石油公司“归核化”倾向更加明显，对核心业务、核心资产的强化，与对非核心业务的调整相辅相成。主要体现在三个方面：一是全球一体化公司（IOC）与部分区域型公司如挪威国油、埃尼等进一步加大在非常规与深水资源方面的投资力度，剥离大量高成本、高风险资产；二是独立勘探开发公司（E&P）对北美非常规页岩业务和资产进一步聚焦，普遍出售海外资产与非页岩资产；三是以全球一体化公司（IOC）为代表的上下游一体化公司，对下游炼化、零售资产的持续剥离与化工资产的强化。

第三，聚焦发展核心区域业务趋势显著。在业务方面“归核化”的同时，石油公司聚焦发展核心区域业务与资产的趋势同样明显，主要体现在两个方面：一方面是北美石油公司，包括部分全球一体化公司（IOC）与大部分独立勘探开发公司（E&P），对北美市场的强化与回归，大量剥离海外资产；另一方面是国家石油公司（NOC）不断整合本土或区域优质资产，壮大核心业务。

第四，技术创新成为产业发展和效率提升的核心。尽管资本驱动石油行业发展的模式仍未改变，但近年来技术研发对石油公司的驱动作用日趋显著。首先，常规资源储量增速减缓，非常规资源开采则对相关技术提出了更高要求。同时，储量增速放缓使石油公司对储量存量价值的挖掘更加关注，提高采收率技术成为近年来石油公司重点关注的技术方向；其次，传统油气生产环节与数字化应用技术的结合，正不断降低石油公司运营成本，提升生产效率；最后，新能源技术的发展使新能源应用成本大幅降低，为石油公司能源转型提供必要的前提条件。

第五，面对环境变化的应对更加主动。整体来看，在经历低油价等外部市场冲击的过程中，大型石油公司的应对更加积极、主动。特别是具有“一体化”发展特征的领先石油公司，如全球一体化公司（IOC）、挪威国油、埃尼等，随着油价的波动，根据上、下游间高利润点的变化，积极调整业务侧重。低油价阶段，下游出售与剥离较为谨慎，油价逐步回升后，继续进行大规模的下游资产调整。

第二节 不同类型石油公司应对市场的策略借鉴

具体来看，不同类型的石油公司面对市场环境变化，也展现出了不同的应对策略：

全球一体化公司（IOC），通过调整上、下游业务侧重与上游长、短周期资产的投资结合，应对市场波动。全球一体化公司（IOC）在面对油价大幅波动的市场环境下，一方面调整上、下游业务结构，在资金支出整体减少的前提下，加大下游支出比重，整合炼油业务，强化化工业务，调整零售业务，实现下游利润的提升，确保公司整体经营业绩的平稳；另一方面在上游，短周期资产调整与长周期战略投资相结合，在积极投资北美页岩等建设周期短、资金回收快的油气项目的同时，通过收并购优质资产等方式，积极获取天然气与深水资源，加强中长期油气资源储备，实现现金流量与资源储量的平衡。此外，全球一体化公司（IOC）在外部市场环境变化时，将资产剥离作为重要手段，实现从资产规模扩张切换到提升资产质量、优化资产结构。同时全球一体化公司（IOC）将资产剥离作为在低油价时期增加现金流的重要手段，进而缓解经营压力。

国家石油公司（NOC），进一步完善产业链布局，重点发展下游业务。国家石油公司对环境变化的主动应对，主要体现在资金支出的减少。同时继续推进长期完善产业链的布局，发展下游业务策略，特别是大力发展高附加值的化工业务板块。

领先的区域型公司挪威国油、埃尼等，通过回归传统作业区域，应对市场波动。面对油价的大幅波动，挪威国油、埃尼等领先的区域型公司，将经营重心回归传统的作业区域。挪威国油进一步加大对北海油气资源的控制力度；埃尼则持续扩大在非洲与中东地区的勘探开发。

独立勘探开发公司（E&P），通过在资本市场的“灵活”运作与强化技术能力，应对外部市场的重大冲击。独立勘探开发公司（E&P）普遍为北美上市公司，熟悉并善于利用资本市场，通过套期保值等方式对冲油价波动风险；同时，进一步加大技术研发力度，侧重“提高采收率”技术，降低经营成本。

第三节　对中国公司战略发展与战略调整的启示

中国公司的发展战略符合全球主要石油公司的战略发展趋势，具体表现为：

从能源清洁化战略出发重点发展天然气业务。在油气资源结构上，中国公司天然气资源占比逐渐上升，同时中国公司加大在澳大利亚液化天然气（LNG）项目的布局，提升液化天然气贸易能力并积极发展天然气发电业务。

积极布局重点区域与重要战略资源，发展高附加值的化工业务。中国公司积极布局全球市场，特别关注中南美地区深水、非洲&中东地区常规油气等战略资源。同时中国公司积极与领先化工公司合作，发展如乙烯、聚乙烯等具有高附加值的化工业务。

加大技术创新力度，调整技术研发方向。中国公司自2011年开始，技术专利申请数量快速增长。尤其2013年时，中国上游专利申请数量超越全球一体化公司（IOC）。此外中国公司结合外部市场环境变化调整技术研发方向，上游技术方向由以物探为主向油气生产转变，下游技术方向由炼油为主向精细化工转变，新能源技术方向以节能环保为主向新能源（光伏、风电、生物质等）转变。

中国公司的发展，可借鉴全球领先石油公司的发展策略，从四个方面进一步提高战略灵活性：

第一，将资产投资与剥离作为调整业务结构的长效手段。基于外部市场变化与公司一体化业务结构特点，动态调整上下游业务比重，形成最优资产组合；将长周期战略投资与短周期资产调整结合，布局重要战略储备资源的同时，结合部分周期短、回报快的项目投资，实现资金与资源储量的稳定；充分利用全球资本市场，降低油气行业波动给公司带来的风险。

第二，重点发展“核心”市场，做精优质资产。根据公司长期发展战略目标以及实现自由现金流和提升效益的需要，改变“大而全”的发展战略，优先发展具有世界级规模和竞争优势的资产，优先考虑区域市场成熟，物流运输便利，具有增长潜力的核心地区，剥离低效、低增长和非核心资产；针对优质资产，在生产经营过程中，引入领先运营管理模式，保障稳定研发投入，引入领先技术手段，从而强化、提升运营效率，做精优质资产。

第三，关注技术创新在产业发展中的核心作用。把控技术发展方向，在核心领域形成技术优势。顺应油气勘探开发作业领域向高难度复杂地区进军（如向深海、非常规油气领域），能源行业向清洁化方向发展，以及数字技术与能源产业深度结合等趋势，积极布局核心技术，构建专利壁垒。创新技术研发组织与管理机制，针对核心技术、关键技术和前沿技术探索等不同层次，差异化构建技术研发机制，综合包括风险投资、战略合作、内部创新平台等多种方式，系统性构建公司创新能力，为公司发展和效率提升提供动力与支撑。

第四，增强组织结构适应性，灵活调整提升组织效率。根据外部市场环境、公司战略、业务发展的变化，调整公司组织结构，增强组织结构适应性；以公司重点发展业务为核心灵活调整内部结构，弱化、拆分非核心业务，重组内部优势资源，充分挖掘内部潜力提升组织效率，支撑重点业务发展。

附录1　数据说明

章节	主题	数据来源
第一章	外部环境	国际能源署（IEA），国际可再生能源署（IRENA），世界银行（WB），BP世界能源统计年鉴，部分国家政府网站
第二章	战略调整	公司年报及其他公开出版物
第三章	战略执行	公司年报及其他公开出版物，BVD—ZEPHYR全球并购交易分析库，IHS数据库
第四章	战略绩效	公司年报及其他公开出版物，美国《石油情报周刊》

附录2　中英文对照目录

缩写	代表内容	全称（中文/英文）
OPEC	欧佩克	石油输出国组织，Organization of the Petroleum Exporting Countries
IOC	全球一体化公司	International Oil Companies或Integrated Oil Company
NOC	国家石油公司	National Oil Companies
E&P	独立勘探开发公司	Exploration & Production
IEA	国际能源署	国际能源机构亦称“国际能源署”，International Energy Agency
IHS	埃士信	埃士信信息咨询公司，IHS Markit
Wood Mackenzie	伍德麦肯兹	伍德麦肯兹咨询有限公司，伍德麦肯兹能源咨询公司，Wood Mackenzie
DNV	挪威船级社	挪威船级社，DET NORSKE VERITAS
INDC	国家自主贡献方案	Intended Nationally Determined Contributions
LEV	低污染排放车辆	Low Emission Vehicle
IMO	国际海事组织	International Maritime Organization
LNG	液化天然气	Liquefied Natural Gas
EPC	工程总承包	Engineering Procurement Construction
APLNG	澳大利亚太平洋液化天然气运输项目	Australia Pacific LNG